一生モノのキャリアを身に付けよう

AIやロボットに負けない
「あなたの価値」を築く働き方

リスナーズ株式会社
代表取締役
垣畑光哉

ダイヤモンド社

はじめに

この本を手に取っていただき、ありがとうございます。

私はリスナーズ株式会社の代表を務めております、垣畑と申します。リスナーズは、経営者をはじめ、働く人々にインタビューを行い、その「ストーリー」をコンテンツとして、Ｗｅｂや冊子、書籍などを通じて発信する会社です。

私はこれまでに３００人以上の経営者にインタビューを行い、彼らの「仕事」や「人」に対する想いに耳を傾けてきました。この度は、そのストーリーをこれから自分が進むべき道を決めようとしている若い人たちに届けることで、キャリアビジョンを描くヒントにしていただけるのではないかと思い、この本にまとめました。

日本では終身雇用制が崩れたばかりか、歴史ある大手企業が経営難に陥り、大量リストラを行うケースも多発しています。一度就職してしまえば一生安泰…という時代はすでに終わっています。しかも年金制度の不安定さから、これまでよりも長く、70代まで働き続けなければならない可能性も高まってきました。

しかも、10年後には、今人間が行っている仕事の約半分がＡＩ（人工知能）やロボットに奪われるという衝撃的な予測が、英オックスフォード大学のマイケル・Ａ・オズボーン准教授によって発表されています。

そこに列挙されている職種が本当に10年でなくなるかは定かではありませんが、これから社会に出て10年、20年、30年…それよりもさらに長く「ビジネスパーソン」として活躍し続けるためには、自分が主体的に「キャリア」を構築していく必要があります。

自分らしく生き生きと働き続けられるために、そして、「転職」の機会が訪れた際には、少しでも多くの選択肢から選べる自分であるために、今後、どんな経験を積んで、どう成長していくか。会社の知名度や規模にとらわれるのではなく、その視点を大切に、会社や仕事を選んでいただきたいと思います。

本書には、26社の個性豊かな経営者が登場します。業種も規模もさまざま。歩んできた道のりも価値観も、仕事のスタイルも、将来ビジョンもそれぞれです。

失敗や挫折から這い上がって成功への階段を駆け上った社長、何社もの企業勤務を経て本当に自分がやりたいことにたどりついた社長、子どもや学生時代から抱き続けた想いを実現させた社長――彼らがどのように選択や決断をし、どんな姿勢で働き、何を身に付けてきたのか。そのストーリーに触れることで、皆さんにとっても、自分がありたい姿・なりたい姿のヒントが見えてくるかもしれません。

なお、本書に登場する経営者すべてに共通しているのは、一緒に働く仲間を大切に想う気持ちです。社員を「コマ」として利用するのではなく、社員の成長を願い、成長を支援したいと考えている――そんな経営者の皆さんに、これから仲間になってほしい人へのメッセージを語っていただきました。

どんな形で成長を後押しするのか、どんな環境やチャンスを提供するのか、どんなキャリアパスが用意されているのか、それは1社1社異なります。本書の中で、皆さんにとって目の前がパッと開けるような発見や出会いがあることを、心よりお祈りしています。

2017年4月

リスナーズ株式会社

代表取締役　垣畑 光哉

インタビュー
垣畑光哉（リスナーズ株式会社）

インタビュー&ライティング
青木典子（リスナーズ株式会社）
藤巻史
三本夕子
天田有美
川口沙織
内藤孝宏
宮本理司
森晶
堀朋子

写真
田中振一
出島悠宇
後藤敦司
正畑綾子
杉山靖（クレドレクラン）

ヘアメイク
美玲（アクロシェ・クールピュール）
松葉由華（アクロシェ・クールピュール）
伊藤ヒトミ（ラ・ボーテ）
河本茜

編集協力
平泉佑真（リスナーズ株式会社）
高橋奈巳（リスナーズ株式会社）
福留慎也（リスナーズ株式会社）

一生モノのキャリアをどう動く？

ルーティンワークでも「クリエイティブであろう」と意識する

サイボウズ株式会社
代表取締役社長

青野 慶久

Yoshihisa Aono

1971年生まれ。愛媛県今治市出身。大阪大学工学部情報システム工学科卒業後、松下電工（現 パナソニック）を経て、1997年8月愛媛県松山市でサイボウズを設立。2005年4月代表取締役社長に就任（現任）。

社内のワークスタイル変革を推進し離職率を6分の1に低減するとともに、3児の父として3度の育児休暇を取得。また2011年から事業のクラウド化を進め、売り上げの半分を越えるまでに成長。総務省、厚労省、経産省、内閣府、内閣官房の働き方変革プロジェクトの外部アドバイザーやCSAJ（一般社団法人コンピュータソフトウェア協会）の副会長を務める。著書に『ちょいデキ!』（文春新書）、『チームのことだけ、考えた。』（ダイヤモンド社）がある。

スペシャル対談

自分を成長させ、手にするために

変化に対応できるマインドセットやスキルが欠かせない

株式会社morich　代表取締役
（兼　株式会社リクルートエグゼクティブエージェント　コンサルタント）

森本千賀子

Chikako Morimoto

1970年生まれ。獨協大学外国語学部英語学科卒業後、リクルート人材センター（現リクルートキャリア）入社。人材戦略コンサルティング、採用支援を手がける。現在は、リクルートエグゼクティブエージェントにて経営幹部、管理職を対象とした採用支援、転職支援に取り組む。2012年、NHK「プロフェッショナル～仕事の流儀～」に出演。また、放課後NPOアフタースクールや一般社団法人ソーシャル・インベストメント・パートナーズの理事としてソーシャル活動にも注力。2017年3月、株式会社morichを設立し、さらに活動領域を広げる。『社長が欲しい「人財」!』『1000人の経営者に信頼される人の仕事の習慣』『後悔しない社会人一年目の働き方』など著書多数。

ビジネスパーソンとして成長し、長く活躍していけるためには、どんな意識で仕事に取組み、どんな経験を積んでいくのが有効なのか――。

人材が定着しにくいと言われるIT業界にあって、社員が成長し、長く働ける環境を実現していることで注目されるサイボウズ株式会社の青野慶久社長、転職エージェントとして企業の人材採用現場に精通し、多くの転職支援を行ってきた森本千賀子さんが対談。「ビジネスパーソンとして成長するためには」について語っていただいた。

少しでも興味を持ったら、一歩踏み込んでチャレンジする

――昨今のビジネス環境を踏まえ、今後どのようなビジネススキルが必要になってくるとお考えですか?

森本千賀子さん(以下、森本):「必ず価値がある」というスキルは存在しないと思います。5年先10年先には、価値観も必要なビジネススキルも変わりますから。あえて言うなら、変化に対応できるマインドセットやスキルが必要なのかなと思います。

青野慶久社長（以下、青野）：変化を受け入れられない人が取り残されていきますよね。ＩＴ領域でいうと、ＡＩ（人工知能）に置き換えられやすい仕事とそうでない仕事がありますす。ディープラーニングという技術が出てきて、コンピューターの学習スピードが上がっている。覚えることに関しては、コンピューターは強い。一方、「発想する」「創造する」といったことや、相手の表情を見ながら言葉を選ぶといった対応力については、人間がまだ強い。どんな仕事でも、「クリエイティブであろう」と意識するかどうかが重要です。たとえルーティンワークでも、もうちょっとおもしろいことができるんじゃないかと、日々意識する。「ルーティンはおもしろくない」と決めつけた瞬間に、クリエイティビティが失われるんですよね。

森本：同じことの繰り返しのようでも、昨日より今日、今日より明日と、何かしらの工夫やクリエイティビティをプラスしていけるかどうかが大切ですよね。そして、毎日の積み重ねがプロへの道につながるという意味では、継続力も欠かせないと思います。

青野：継続力がないと、あまり高いところまでいけない。そして、自分の継続力を引き出すためには、自分が好きなことを見極め、ワクワクできる仕事を選んでおかないと。

森本：そもそも、行動する前に考えすぎて、結局動けない人も多いんですよね。私も青野さんと一緒で、どちらからいうと「迷ったらＧＯ！」のタイプ。やらないで後悔するよりやった経験の方が大事。直感で「おもしろそう」と思うと、まず踏み込んでみます。サイボウズの社員の皆さんも、チャレンジすることに抵抗がないイメージですが…。

青野：うちの社員、とあるイベントの企画で、僕が「インパクトがない」っていったら、戦車を借りてきて六本木ヒルズで走らせたんですよ(笑)。クラウドサービス「cybozu.com」の契約社数が１０００社を突破した記念イベントだったので、「１０００社」にかけて「戦車」。批判もけっこうあったんです。戦争の道具なので、発想は確かに奇抜だけどどうなの、と。でも、各種メディアで話題になり、成功しました。一歩踏み出す勇気ですよね。やってみたら気付くこともある。みんなチャレンジングですよ。

森本：一歩を踏み出すマインドを持っているかどうかって、すごく大事だと思います。「将来の夢が描けてないんです」という相談もよく受けますが、「夢がまだないんだったら、今自分が興味のあるものにとりあえず一歩踏み込んでみては？」とお勧めしているんです。そういう意味で、私はジョブローテーション推進派です。自分が置かれている環境や業務内容を積極的に変えてみる。若いうちにさまざまな職種を経験すれば、自分の興味関心、極めたいことがだんだん見えてくると思うんです。

青野：そうですよね。サイボウズでは、「育自分休暇」っていう制度を設けているんです。「サイボウズを辞めて転職していいよ。再入社パスポートを渡すから、戻りたくなったら戻っておいで」という制度で、6年間取得できるんです。社員の中には、他の会社を見てみたいと考えている人もいるので、「じゃあ辞めたら？」って言ったら、「サイボウズが好きなんです」って。「じゃあ一回辞めて戻ってこいよ」っていう、そういうノリで制度を作りました。

2012年に導入したんですが、若くて辞める人はたいてい使っていますね。そして、すでに7人くらい戻ってきています。ある女性社員は、育自分休暇を活用して青年海外協力隊に参加しています。アフリカの某国で、事業を立ち上げているんです。仮に今後、当社がアフリカに事業展開を図ろうとした場合、彼女が戻ってきてくれていたら、その経験の価値は非常に高くなるわけです。そんなふうに一度外に出て、今のサイボウズでは獲得できない知識を持って、帰ってきてほしいですね。まぁ、本人が帰ってくることを望まないなら、その人の人生なのでそれはそれでいいんですが。

森本：まさに究極のジョブローテーションですね。実は、転職市場でも、ジョブローテーション経験者は価値が高いんです。例えば、40代でずっと同じ会社の同じ部門で仕事をしてきた人と、他部門・職種への異動や子会社出向、地方転勤などを繰り返した人がいたとします。前者の方は高度な専門性が磨かれて優れたキャリアだと思われがちなんですが、転職に臨んだ場合どちらが求人企業から興味を持たれやすいかというと、後者なんですよね。野球の世界でも大谷選手が二刀流で価値を評価されている。メーカーの世界でも多能工が重宝されている。「変化対応力」「カルチャーギャップへの適応力」が備わっているとマーケットバリューが高まるといえますますね。

経験の幅を広げ、「掛け算」によって希少価値を高めよう

――キャリアを積んでいくにあたって、あえてチャレンジすべきだと思っていることはありますか？

森本：「修羅場」の経験を恐れない。むしろ楽しむつもりで飛び込んでみる。免疫力がつきやすい20代のうちに、挫折・逆境・修羅場を経験するのって重要だと思います。転職コ

ンサルタントとしていろんな方にお会いしてきましたが、若い頃に修羅場を経験してきた方々の共通点は、メンタリティが強く、その後の伸びしろも大きい。最近流行りの言葉でいうと「レジリエンス」ですね。いわゆる「折れない心」。精神的回復力、抵抗力、耐久力といった力のことです。これを身に付けた方は、困難な状況に陥っても、道を切り拓いて、価値を創造し続けています。

青野：僕も、多くの失敗をする中でやりたいことが見えてきて、今が楽しい。基本、働き方は人それぞれでいいと思っているので、皆が皆ガツガツと成長を目指さなくてもいいと思うんです。ただ、自分の好きなものを探してほしいですね。与えられた役割をただこなすだけじゃなくて。だから、好きなものを探すサポートはしています。

「育自分休暇」よりライトな制度で、「大人の体験入部」というのも設けているんですよ。年次が上がった人でも、興味がある部門に入り、やってみたい仕事にチャレンジできるという制度です。期間は2週間ほど。若い頃は新人研修やジョブローテーションでいろいろな部門や仕事を見られるけれど、年次を重ねてポジションが上がっていくとそういうチャンスがないですからね。なので、そういう機会を設けよう、と。体験後、正式に異動願いを出してもいいし、出さなくてもいい。

森本：さまざまな業務や役割を経験するのはいいですよね。一つひとつの経験を掛け合わせていくと、自分だけのキャリアが出来上がります。掛け算の仕方によっては、すごく希少価値の高いキャリアになる。だから、キャリアアップのために資格取得やスキル習得を目指す人も多いんですが、実務でさまざまなジャンルの仕事やプロジェクトを経験しておくといいですね。

青野：特にこれからそうでしょうね。以前のような「少品種大量生産」が通用しなくなり、「多品種少量生産」の世界に変わっていく中で、数は売れなくても利益率が高いエッジの効いたものを作れるかが課題になる。多様性に対応するには、やはり「掛け算」の経験がものをいうでしょう。

その点で言えば、当社では副業を認めています。自社での経験と副業での経験との掛け算が、希少価値につながるので。例えば、サイボウズで得たＩＴやクラウドの知識を、家業の農業に活かしている人がいます。ＩＴエンジニアが「農業」をプラスした瞬間、かなり希少価値が高まる。クラウドの最新技術がわかりながら、栽培法、農機、肥料、天候予測などの知識もあるわけですからね。これから農業がＩＴ化していく中で、価値を発揮していけるでしょう。

森本：私も、複数の分野で仕事に取り組む「パラレルキャリア」には大賛成です。会社以外の場所で新たな経験を積む機会を得て、社内では得られない知識を得る。この仕組みを作っておくと、結果的にどちらの仕事でも相互に活かせる。まさに掛け算ですよね。もっとも、一般的な会社では副業を認められないことも多いので、自社内で機会があればさまざまなプロジェクトに関わって、経験の幅を広げていけるといいですね。そういう点で、自分から手を挙げてさまざまな経験を積めるチャンスがある企業を選ぶのも、一つの手といえると思います。

株式会社オプトホールディング
代表取締役社長 CEO
鉢嶺 登
（写真左）

株式会社オプト
執行役員
石原 靖士
（写真右）

Noboru Hachimine

1991年、森ビル入社。1994年、デカレッグス（現・オプトホールディング）を設立、同社代表取締役社長に。2015年4月より現任。

Yasushi Ishihara

2006年、オプト入社。営業やマーケティング部のマネジャーを経て、2010年、デジミホへ取締役として出向。2014年6月にオプトへ帰任。2015年4月より現任。

CONTACT
東京都千代田区四番町6　東急番町ビル
株式会社オプトホールディング http://www.opt.ne.jp/holding/
株式会社オプト http://www.opt.ne.jp/

「一人一人が社長」。自らの責任と裁量において顧客と社会の仕組みの改革に貢献する

新たな価値を生み出し続けることで、日本をけん引する

「一人一人が社長」。そんな企業哲学を掲げ、体現しているのが株式会社オプトだ。同社には、社員一人一人が自らの責任において行動し、「職業的な自立」「経済的な自立」「精神的な自立」を成し遂げることで、真の幸せが手に入るという価値観が根付いている。

オプトは1994年に創業。ターゲットを絞って広告を打つ「ダイレクトマーケティング」を主軸にスタートを切った。

躍進の理由は、マーケティングの「見える化」に取り組んだこと。旧来の広告業界では、広告出稿後の効果を測定するための手段がなく、その成果を確認することができなかった。コマーシャルの効果について、語られることさえなかったのだ。その状況に疑問を感じたオプトが、広告効果測定ツールを開発。マーケティング戦略に広告効果を活かすという新しいバリューを提案することで業界での地位を確立した。

現在は、2015年の持株会社化を経た新生オプトとして、広告代理サービス、マーケティングサービス、テクノロジーサービスの3つの事業を柱に、デジタルマーケティング全般を手がけている。創業者であり、現在はオプトホールディング代表取締役社長CEO

を務める鉢嶺登は、その存在意義を「20年後、30年後、さらには50年後の日本の繁栄、世界の繁栄のために〝新しい価値創造〟に挑戦し続けていくこと」と語る。

「日本ではほとんどの産業が低成長やマイナス成長という状況の中で、デジタル産業は数少ない高成長分野。日本の経済や将来を引っ張る主要産業になると考えています。インターネット革命の中で、〝新しい価値創造〟に挑戦し続けながら、世の中全体を変え、日本の未来をけん引していく業界だという意識をベースに事業を展開しています」

オプトホールディングでは、国内に約1200名いる社員全員を対象に、座談会を開催している。時間は、夕方からの1時間半。一度に30人くらいの社員を集めて、冒頭の30分は鉢嶺が会社のビジョンやさまざまなビジネスモデルについて説明し、自社が目指す方向性を示す。

広告代理店のビジネスモデルは基本的に「労働集約型」。売上増加に従い、人員も増やす必要がある。このビジネスのデメリットは、利益率がそれほど高くはならないということ。しかし、一度システムを築いてしまえば安定的な経営ができることがメリットだ。一方、収益逓増《ていぞう》型というビジネスモデルもある。例えば、メディア運営を含め、自社商品を作って売り出すような商売のことだ。収益逓増型モデルは商品開発のための初期投資が必要となるが、その後のコストはあまり上昇せず、ユーザーの増加に比例して利益も増えていく。オプトでは、労働集約型モデルと収益逓増型モデル、両方のパターンを組み合わせたハイブリッド型モデルを目指している。

「技術者は、テクノロジーに対するほどの関心をビジネスに持っていないのでは」――そう鉢嶺は考えていた。しかし、実際は違った。オプトのエンジニアたちは目を輝かせながら鉢嶺の話に聞き入り、多数の質問を寄せた。そんなエンジニアたちの姿に、改めて心強さを感じているという。

「エンジニアが新しい価値を生み出していくためには、最新技術を追求するだけでなく、ビジネスの視点や感覚を持つことが必要不可欠。自分よがりではなく、ユーザーのニーズを満たすものを作っていくことを意識しながら、開発に取り組んでほしいですね」

クライアント企業の変革、業界全体の仕組みの変革に貢献

鉢嶺のビジョンを現実化するべく、具体的な戦略と人材育成を担っているひとりが、オ

プト執行役員の石原靖士だ。開発業務の統括をはじめ、新サービスの開発、事業創造を推進している。

「今後はマーケティング自体がＡＩ（人工知能）化されていくので、いかにＡＩと伴走していくかを考えています。オペレーション業務はどんどんＡＩに託す一方で、戦略やその実践手法を考える仕事はこれまで以上に価値が高まるでしょう。そうした戦略面の設計に注力していきます。私たちのクライアント企業は、今、変革を迫られている状況。『テクノロジーを使って新しい価値を生みたい』というご相談が多く寄せられていますので、その支援に取り組んでいきます。この流れはあと5年から10年続いていくと思います」

従来の一般的なエンジニアは、クライアントの指示通りにシステムを作ることが多かった。しかし、オプトのエンジニアは、顧客の考えや要望をうのみにはせず、本当に売上につながるようなよりよいシステムの提案をしていくことを目指している。プロデューサー的な視点を持ちながら、技術者としての業務を行っていくのだ。

しかも、一企業の改善だけでなく、業界そのものの改革を担うことも目指している。例えば、旧態依然とした業界や利害関係が複雑な業界では、一企業の方針で簡単にシステムを変えることはできない。その点、オプトは業界のトップやリーディングカンパニーを顧客に持ち、対話できる立場にある。それを突破口として、業界の仕組みを変革していくこともできるというわけだ。

最近は、クライアントから出される課題をもとに、新たな設計を考えて仕組みを構築するデザイナーやプロデューサーの採用と育成にも取り組んでいる。また、エンジニアからビジネスデザインやプロデュース業務に職務内容を転換するケースもある。


実は石原自身も、キャリアチェンジを経験した。

もともとエンジニアだった石原は、堀江貴文氏の著書に感化されて独立するも、失敗。転職エージェントのコンサルタントから「あなたは人と喋ることが下手だから、まず営業を経験したほうがいい」と言われた。そのアドバイスを素直に受け入れ、「日本で一番大変そうな営業会社」として紹介されたオプトに入社。営業で実績を挙げたことで自信を付け、次々と新たなプロジェクトに手を挙げ、チャレンジした。

「やれる、と思ったら実際にはできなくて、壊れかけた時期もありました(笑)。でも、さまざまな事業作りに取り組む中で、技術、営業、マーケティングが線でつながった。その観点を活かすことで成功体験を生み出すことができ、自信を得たんです。オプトでは、挑戦して失敗するのは1点。挑戦して成功すれば2点。何もしないのはマイナス1点。そんなオプトイズムが僕は大好きで、だから今もここで働いているんです」

納得して働ける仕組み、環境は社員自身が考えて作る

もともと、営業会社としての文化が強いオプトだが、近年はエンジニアの採用も強化。「オプトテクノロジーズ」という仮想組織を作り、「テクノロジードリブン」（技術駆動型）をスローガンに掲げた。技術力を高めることに興味を持つ人材が集まってきている。

評価制度も整備した。エンジニアは技術的知見を深めることに価値を感じる人が多く、金銭的対価のみでは不足を感じることもある。また、エンジニアの世界では、多種多様な正解が生み出されるという特徴があるため、それをふまえた仕組みを構築している。

「評価制度については、ドラクエ方式ともファイナルファンタジー（FF）Ⅲ方式ともいえる分散型手法を導入しています。ジョブチェンジシステムがあり、FFで例えるなら黒魔道師、白魔道師、戦士、学者といったように、自分の希望に応じてジョブを選択・変更

できるんです。そして、黒魔道師としてレベルは3なのか5なのか…といったように、ホールディング全体の統一基準をもとに評価します」

なお、この評価の仕組みは、エンジニアたち自身が決めたものだ。エンジニアは、主体的にものを考える文化がより強い。だから、あまり強制力をきかせずに、個々人が組織のルールなどを作成できるシステムをとっているのだという。小中学校の委員会と同様に、経営陣やマネジャーが規則を決めるのではなく、エンジニア自らが委員会を組織し、働きやすい仕組みや環境整備を行っている。

モノづくりへの気風を高めるイベントも開催。例えば、社内ハッカソン(ソフトウェア開発イベント)では、エンジニアたちがアイデアを出し、1日程度で商品開発を行う。生活に利便性や遊びを提供するツール、業務の効率化につながるツールなど、テーマは自由。コンテスト方式で参加者が投票し、好評だったものには食事券や電子機器などの賞品も進呈される。遊び感覚でイノベーションを起こす楽しみを味わう機会となっている。

また、開発に関してのセミナーやトークショーを行う「市ヶ谷Geek★Night」を実施。自社および社外のエンジニアが参加し、交流を行っている。

同社では、社内コミュニケーションの活性化も重視している。オフィスの一角には18時以降、お酒が無料で飲み放題の「オプトバー」を設置。社員たちが部門や職種の垣根を越えてコミュニケーションをとり、社内ネットワークを作る場として活用されている。

「どんな仕組みを運営するにしても、ルールをガッチリ作ってそれに縛り付けることはしません。基本的なガイドライン、物差しだけ置いておけばいいかな、と。あとは自分自身で考え、動いてほしい。社員を信じて、相応の権限を与えていきます。そういう形で、彼らの市場価値アップ、キャリアアップの支援をしたいと考えています」

インタビュアーの目線

「この業界では歴史もブランド力も顧客資産も人的資産も持っている。だからこそ挑戦しなければバチが当たる」という鉢嶺氏の言葉に、日本を引っ張っていく責任感と覚悟を感じました。対する石原氏からは、社員個々人を尊重し、信頼して任せようとする想いが響いてきました。個々の力が高められているからこそ、各業界や社会全体に大きな影響を及ぼす存在となり得るのでしょう。

株式会社ビジョン

代表取締役社長

佐野 健一

Kenichi Sano

1969年鹿児島県生まれ。1988年私立鹿児島商工高等学校卒業、1990年株式会社光通信に入社。

1995年静岡県富士宮市で起業、ビジョン設立。電話回線、法人携帯、ビジネスフォン、コピー機などの通信インフラディストリビューターとして、Webマーケティングや CRMの仕組みによるモデルで業界トップクラスの販売実績を誇る。

2012年より海外用モバイルWi-Fiルーターレンタルサービス「グローバルWiFi®」を開始。現在200以上の国と地域で『世界中いつでも・どこでも・安心・安全・快適なモバイルインターネット』環境を提供中。2015年より訪日外国人旅行者向けに「NINJA WiFi®」を展開。

2015年12月、東京証券取引所マザーズ市場に上場。

2016年12月、同取引所第一部へ市場変更。

CONTACT

東京都新宿区西新宿6-5-1　新宿アイランドタワー 5F
http://www.vision-net.co.jp/

営業を2年経験後、「プロフェッショナル」の道へ。多様性豊かな環境が刺激を与えてくれる

「不便」や「不満」を解消し、ユーザー数を拡大

「当社には『営業がやりたい』と入社してくる人が多いんです。おもしろいと思いますよ、当社の営業は。お客様の多くは経営者で、しかもスタートアップしたばかりの企業の社長が多い。いろいろなタイプの社長と対話することで、ビジネスパーソンとして学べることがたくさんあると思います」

そう話すのは、株式会社ビジョン代表取締役社長・佐野健一。

「海外に行っても、インターネットを手軽に、安心して使いたい！」——ビジョンはそんなニーズに応えるサービスとして『グローバルWiFi®』を提供している。

『グローバルWiFi®』とは、世界200以上の国と地域で使えるパケット定額制の海外用Wi-Fiルーターレンタルサービス。ビジネスのグローバル化や海外旅行者の増加に伴い、ユーザー数を伸ばしている。2016年12月時点で海外12拠点の子会社を置き、パートナーも含めグローバルネットワークを拡大中。利便性をさらに高めるため、『グローバルWiFi®』のローカライズを進めている。

このほか、訪日外国人旅行者向けWi-Fiルーターレンタルサービス『NINJA WiFi®』、

また、法人対象に固定通信、移動体通信、ＯＡ機器、ビジネスフォン、Ｗｅｂサイトなど、通信インフラ環境やオフィス機器に関するサービスを幅広く手がけている。

「『なんだか不便』『よくわからない』『めんどくさい』……企業や個人のそんな声に対する解決策を提供してきました。すると、『こんなものもほしい』『これもお願いしたい』というリクエストをいただくようになり、それに応えるうちにここまで拡大しました」

佐野は社会に出た直後から「通信サービス」の道を歩んできた。最初に就職したのは、ＯＡ機器や通信回線サービスを扱う株式会社光通信。入社後すぐにトップの営業成績を挙げ、マネジャー、支店長、複数部門の事業部長へとスピード昇進。24歳時点で約８００人の部下を持つまでになった。

ところが25歳のとき、その地位をあっさりと手放す。出張時、新幹線の車窓から富士山を見たとき、「ここで起業しよう」と思いついたのだという。そのまま最寄りの新富士駅で降り、不動産屋に駆け込んでアパートを仮契約した。

もともと独立起業を考えていたものの、場所もタイミングもノープランの状態。それでも「直感」に従い、決意し、行動を起こしたのだった。

起業2年目で売上10億円を達成するも、異分野へシフト

起業した佐野が最初に手がけたのは「国際電話の割引サービス」だった。

静岡に移住後、佐野はあるサッカーチームに参加。そのメンバーは全員、出稼ぎにきていたブラジル人だった。

「日本の文化になじめず孤立感を抱く彼らにとって、大きな楽しみは母国の家族や友人と話すこと。でも、国際電話料金が高すぎて長くは話せない、と嘆いていました。そこで、自分の『通信』の経験を、彼らの悩み解決に活かせるのでは、と思ったんです」

佐野は通信事業者と交渉して割引サービスを作ってもらい、日本在住の南米の人々向けにコールセンターで販売するというビジネスを立ち上げた。ブラジル人やペルー人のスタッフを雇ってサービスをリリースすると、またたく間にニーズの掘り起こしに成功。2年目には10億円の売上を挙げた。

しかし、佐野はこのビジネスは長続きしないと踏んでいた。通信事業者側で国際通話料を下げる動きがあったためだ。インターネットも急速に普及しつつあった。そこで、国内事業に軸足を移し、大手通信会社の代理店として携帯電話やブロードバンドサービスを法人向けに販売するビジネスへとシフトした。また、Webマーケティングに取り組んだ。

2011年になると、ある社会問題が目につくようになった。旅行や出張で海外に出かけた人が、設定を間違えた状態でモバイルからインターネット接続をした結果、パケット定額制の指定外通信業者経由のデータ通信に対して高額の使用料を請求され、支払い困難に陥るケースが頻発した。いわゆる「パケ死」問題だ。

「何とかしなければならない」。

「通信のプロ」として使命感に駆り立てられた佐野は、『グローバルWiFi®』の仕組みを考案。アジア地域最大級の通信会社であるシンガポール・テレコムや米ニューヨークの大手通信事業者にプランを持ちかけ、契約を成立させた。もともと日本の大手通信業者との取引で十分な実績を積み、加えて世界の上位企業と手を結んだことで信頼を得て、短期間で200もの国・地域へサービス網を広げたのだ。

顧客保持と社員の成長、両方を叶える「仕組み」を築く

佐野が以前勤務していた光通信といえば、ハードな営業で知られている。そこでトップセールス、事業部長の地位を獲得し、起業後も難易度の高い交渉に挑んで成功を収めている実績から、大胆で勢いのあるキャラクターをイメージする人もいるかもしれない。

しかし、佐野は自身を「もともと真面目なコツコツ型」だと評する。

「昔の同僚には『パッションタイプ営業』タイプが多かったですね。熱意を持って、勢いにまかせてぶつかって社長に気に入られて受注する、という。でも、そうして獲得した顧客は、別の情熱的な営業マンに会えば、そちらに簡単に乗り換えるものです。そんな事例を数多く見てきました。本当に信頼を得て長くお付き合いを続けるためには、まず誠実であること、そして、相手が求めることにきっちり応え続けることが大切なんです」

ビジョンの経営においても、顧客の流動化を防ぎ、取引を継続する仕組みを整えてきた。まず、Ｗｅｂマーケティングによって、自社サービスに興味を持つ企業のアクセスを促す。営業が、そうした「見込み客」に対する受注活動を行う。受注後はコンシェルジュ部

隊が継続フォローを行う——というように。つまり、営業はコンサルティングと提案業務に、コンシェルジュはフォロー業務に集中して取り組むことで、サービスの質が向上し、顧客の満足度も高まるというわけだ。

同社の社員のキャリアパスには、ある特徴がある。多くのメンバーは営業からスタートするが、基本的に2年、早ければ1年〜1年半で別の部門・職種に異動するのだ。「同じことをやり続けているとつまらなくなる。変化があれば、新たな刺激を受けて楽しく仕事ができる」という佐野の考えにより、営業を2年程度務めた後は、Ｗｅｂマーケティング、グローバル事業、システムエンジニアなど、さまざまな部門へ異動するか、営業部門でマネジャーのポジションを目指してもらうことになる。本人の適性に応じ、さまざまな「プロフェッショナル」の道が用意されているのだ。

現在、ビジョンの組織は国内・海外で従業員６００人近い規模に達している。従業員の約50％が女性、約15％が外国籍というのも、同社の特徴だ。

「採用においては性別も国籍も、学歴も経歴も問いません。人間性重視。だから個性はバラバラですね。幹部社員も同じタイプの人間は１人もいません。『サファリパーク』のような感じですよ(笑)。しかも、日本のサファリパークではなく、ケニアの国立公園の。組織は、どこを切っても同じ金太郎飴のようにならないことが大事。さまざまな人がいることでお互いに刺激し合えるし、補完し合える。チームワークの効果を最大限に高め、お客様に提供する価値も高められるんです」

人々が安心して国境を越えられるサービスを広げていく

ビジョンは2017年、新たなサービス提供をスタート。訪日外国人旅行者・海外渡航者に向けた、ウェアラブル翻訳デバイス「ili(イリー)」のレンタルサービスだ。

業務提携する株式会社ログバーが開発した「ili」は、手軽に持ち歩けるサイズで、インターネットに接続しなくても本体のボタンを押して話せば即時に自分の言葉を翻訳してくれるツール。「CES 2016イノベーションアワード(家電における優れたデザイン・技術を賞するコンペティション)」で賞を獲得し、注目を集めている。

このサービス開始をリリースしたとき、ある人に言われた「これで海外に行ける!」という言葉が佐野の耳に残っている。

先進国の中でも、日本人は海外旅行をする人が少ないという。それは言葉の壁のせいであり、壁がなくなれば、もっと多くの人が行きたい国に行ける。それをサポートできる喜びとやりがいを改めて感じた。

このほか、自分の国の言語で世界中のレストランが予約できるサービスも提供する予定。『グローバルWiFi®』も含め、付随するサービスを今後も取り揃えていく。

「10年後、人々が国をまたぐとき、何かしら必ずビジョンのサービスを使ってもらえているとうれしいですね。遊び心のある付加価値サービスも手がけていきますが、やはり『困った』を解決したいという想いが軸にあります。外国への旅前・旅中・旅後の『困った』『不便』をどんどん解消することで、国境の壁を取り払っていきます」

インタビュアーの目線

起業を決意したときのエピソードからは大胆で直感的な人物かと思いきや、堅実かつ綿密な「仕組み」を作り上げる力にも長けた方だと感じました。営業活動を通じて多くの顧客と接し、さらには多くの部下をマネジメントしてきたご経験により、「人」を見て、人を活かす術を身に付けていらっしゃることが、会社へのロイヤリティの高さと事業の成長につながっているのではないでしょうか。

株式会社ブラス

代表取締役社長

河合 達明

Tatsuaki Kawai

1966年愛知県生まれ。21歳のとき、友人から結婚式の司会の依頼を受け、人生初の司会者となる。以後会社員として働きながら、友人知人からの依頼を受け司会を続ける。1998年に独立。司会事務所「有限会社ブラス」を立ち上げる。他会場への派遣の司会としての限界を感じ、2003年、愛知県一宮市の住宅展示場を「ゲストハウス」としてリニューアルし、1号店「ルージュ:ブラン」をオープンさせる。現在は愛知・岐阜・三重・静岡・大阪に18店舗を展開。

CONTACT
愛知県名古屋市西区名駅2丁目34番1号 エコールプラザ名駅ビル4F
https://www.brass.ne.jp/

「結婚式を創る」ことで身に付くスキルは
あらゆる業種で通用する一生モノのスキル

一軒家を完全貸し切り。型にはまらない、自由で、ふたりらしい結婚式を

ＡＩ（人工知能）やロボットの実用化に伴い、これまで人の手で行われてきた仕事の多くが消えていくと言われている。

しかし、それらがどんなに進化を遂げても、人の代わりにはなれない仕事もある。例えば、人の気持ちの深い部分を汲み取り、適切なコミュニケーションを取る。さまざまな立場の人をとりまとめ、マネジメントする。データに表れない課題を分析し、解決する。斬新なアイデアを出して実行する——など。

「ブライダル」の現場は、そうしたスキルを養うには絶好の場。株式会社ブラスには、早い段階から経験を積み、速いスピードで成長できる仕組みと風土がある。

ブラスは、東海エリアを中心に結婚式場を運営。２００３年、愛知県一宮市に１号店「ルージュ：ブラン」が誕生して以来、次々とゲストハウスを展開している。２０１７年には大阪初出店となる「ブランリール大阪」、静岡に最新店「ラピスコライユ」がオープンし、ブラスが運営する会場は18店舗を数えることになる。

近年は少子化が進み、婚姻組数も結婚式を挙げるカップルも減っている。そんな中で右

肩上がりの成長を遂げているプラスは、ブライダル業界でも注目を集めている企業だ。

同社では、今後も年間2店程度の新規出店を継続していく方針。スタッフの数も増え、リーダー、マネジャークラスのポジションが次々と生まれてくる。早い段階で昇進し、裁量権を持って仕事ができるチャンスが豊富な環境だ。店舗運営はもちろんのこと、マーケティング、店舗開発、広報、教育、新規事業開発など、さまざまなポジションへのキャリアパスも用意されている。

「それぞれの新郎新婦にとって、最高の結婚式を創る！」

代表取締役社長である河合達明は、その理念を実現するために、ブライダル業界の常識や固定観念にとらわれないサービスを生み出してきた。

大きな特徴の一つは、「ウェディングプランナー一貫制」。多くの式場では、営業、プランニング、手配、当日のアテンドなどが分業制となっている。一方、プラスでは新郎新婦が初めて来館したときに接客したプランナーが、プランニングから当日のアテンドまでを担当する。新郎新婦が無事に夫婦となるその日まで、ひとりのプランナーが責任を持って支え、見届けるのだ。

通常、結婚式の打ち合わせといえば、招待状のデザインや料理のメニュー、席次や進行を決めていく手配的な業務がメインとなるケースが多い。だが、プラスでは違う。プランナーはあくまで新郎新婦の「想い」にフォーカスし、それぞれの家族のことやふたりの出会いなど、今に至るまでをつぶさに聴いていく。その上で、プロの視点から、ふたりに合った、ふたりにしかできない最良の演出、最良のおもてなしの仕方を提案する。

なかには、準備の間に「彼が手伝ってくれない」「双方の両親のソリが合わない」「家族関係が複雑で親族を呼びたくない」といった悩みを抱える新郎新婦もいる。そんな新郎新婦の繊細な気持ちに寄り添うことができるプランナーを、河合は育ててきた。

たとえ本人が口にしなくても、表情の陰りや言葉のよどみなどから、「何か言いづらいことがあるのかもしれない」と気付き、声をかけ、抱えている問題の解決方法を一緒に探る。それが、プランナーの存在価値だと河合は考える。

「人と人とのことですから、すべてがすんなりと心通えるものではありません。ときには黙って見守り、ときにはひたすら悩みを聴き、ときには背中を押し、ときには新郎新婦が驚くようなアイデアを出す。そうして、何度も何度もキャッチボールを繰り返しながら、新郎新婦の心の底の想いやふたりらしさを引き出していくのです。『最近になって、ようやくご新婦が心を開いてくれるようになりました！』なんてプランナーから聞くと、僕までガッツポーズしたくなります」

独自の〝ハコ理論〟にもとづき「盛り上がる」会場を提供

ブラスでの結婚式が盛り上がる理由は、プランナーが新郎新婦と考え抜いたプランや演出の成功だけではない。河合ならではのこだわりが、ひそかに功を奏している。

「そもそもゲストハウスの運営を始めたのは、新郎新婦が会場側の都合に合わせるのではなく、新郎新婦自身の想いを叶える理想の場所を創りたいと思ったから。ホテルの宴会場などはさまざまな用途に対応できるように設計されていて、そのハコに結婚式を当てはめる。そうではなく、結婚式のためだけのハコを提供するべきだと思ったんです」

スポーツ観戦が好きな河合は、さまざまな競技場を見ていて気付いたことがある。最新設備を備えた豪華なスタジアムであっても、あまりにもだだっ広い空間では、選手と観客の一体感、観客同士の一体感が生まれにくい。そこに集う人々の熱気を高めるには、ほどよい大きさの空間、ほどよい距離感が大切なのだ、と。

結婚式もそれと同じだと考えた。そんな〝ハコ理論〟をもとに、河合は結婚式が盛り上がるための会場創りにこだわった。

ブラスのゲストハウスは、1軒の建物につきパーティ会場はひとつのみ。完全貸し切りのスタイルだ。披露宴会場のサイズは、出席者にとって心地よい距離感を生む広さに設計。ゲスト同士の会話が弾むように、テーブルは大きすぎないサイズのものを選んでいる。

もちろん内装にも工夫を凝らしている。キッチンをパーティルームのすぐ隣に設け、マジックミラーで会場内の様子が見えるしくみに。パーティ中にミラーが突然開いて、オープンキッチンが登場。炎が立ち昇るフランベ演出で、ゲストを「わぁ！」と驚かせるといったサプライズも可能だ。

新郎新婦席も一味違う。通常は固定されていることが多いが、披露宴の最中に動かして、奥に設けたスペースに収納できる。つまり、余興のスペースを会場の隅ではなく中央に設けることで、余興をするゲストを「主役」にすることができる。

このように細部に工夫がなされた〝ハコ〟により、ひと組ひと組に合わせた演出やテーブルアレンジが自由自在に行える。つまり、プランナーたちは自由に発想を広げられるため、企画力や演出力を磨き、発揮することができるのだ。

また、会場創りに対する河合のこだわりは、店舗開発・管理スタッフに受け継がれている。最先端のデザインを取り入れ、さまざまなシーンの「見せ方」にこだわり、かつ機能性や使い勝手に細心の配慮をする――そうした経験を積んでいるメンバーたちは、「カフェも商業施設も注文住宅も、どんな施設でも創れるんじゃないかと思う」と自信を見せる。

プランナーの経験をベースに、さまざまな職種分野へキャリアが広がる

そもそも河合本人がウエディングに関わったのは21歳のとき。当時、イベント会社で営業を担当していた河合は、友人の結婚式で初めて司会を経験した。

根っからの「仕切り屋」「盛り上げ屋」である河合の司会は、素人ながら評判は上々。皆から頼まれて司会を引き受けていると、「本格的にプロとして活動してみないか」と声をかけられた。そして、サラリーマンからプロの司会者になる決意をしたのだ。

河合の司会は独特だ。司会台にじっとしていることはなく、ワイヤレスマイクを持って

会場中を自由に動き回り、新郎新婦やゲストにどんどん話しかける。

台本はなく、すべてアドリブ。話しかけた相手の反応を見て、容赦なく突っ込んだり、くだけた言葉をつかうこともある。そのほうが結婚式が大いに盛り上がるからだ。

実際、「こんな楽しい結婚式は初めて！」「自分のときもお願いしたい！」とゲストには大好評。ところが、式場のマネジャーからはクレームが寄せられることもあった。

当時の結婚式といえば、型通りの堅い言葉づかいがよしとされる風潮。しかも、一日に何十組もの式を行う大型式場では、段取りにないアドリブや演出で式の時間が延びることは絶対に許されなかった。結婚式が盛り上がることよりも、時間内で決められたことをこなすことが優先される。それに納得できず、異端児的にひとり突っ張っていたという。

そんな「いい結婚式を創りたい！」という河合の想いに共感する仲間が、一人、また一人と集まってきた。最初は小さな司会者事務所から始まり、ゲストハウスをオープンしてからは、プランナー、シェフ、パティシエなどさまざまな職種が仲間に加わった。

多様な楽器が集まって最高の演奏をする「ブラスバンド」のようなチームを築き上げたい――それが「ブラス」という社名の由来だ。今ではスタッフは300名を数え、式を挙げたカップルは1万3000組を超えた。

ブラスに入社した社員は、入社当初はウェディングプランナーとして経験を積む。その後、ウェディングプランナーとしてプロフェッショナリズムを極めていく者もいれば、支配人やエリアマネジャーとしてマネジメントを行う者、広報・宣伝、人事・教育、店舗開発・管理などとして組織を支える者もいる。ドレス事業部を立ち上げ、海外からのドレスの買い付けやオリジナルブランドの企画に取り組む者もいる。

「それぞれの立場で、自分の持ち味を活かして『最高の結婚式』を追求していってほしいと思います」

インタビュアーの目線

2016年3月、東証マザーズと名証セントレックスに晴れてダブル新規上場を果たした同社ですが、河合さんほど、創業から上場前後までに言うことやスタンスが変わらない経営者を他に知りません。「いい結婚式を創る」——その愚直なまでの想いを、会社の成長と共にひたすら磨き上げていく様は、新郎新婦のみならず、これからも多くのファンを引き付けていくことでしょう。

代表取締役

井上 貴博

Takahiro Inoue

1973年、兵庫県生まれ。専門学校卒業後、測量設計事務所に3年間勤務。学生時代に経営していた携帯電話業界への復帰を志し、24歳で株式会社デジホン兵庫に入社。その後、代表取締役副社長に就任し、38歳で株式会社アレシアを設立し代表取締役社長に就任。30歳で大学卒業後、IoT時代を見据えシステム技術を学び39歳で兵庫県立大学大学院修士課程（応用情報科学修士）修了、現在も生涯学習を実践中。

CONTACT

株式会社デジホン兵庫　兵庫県加古川市尾上町今福462-1
http://www.digiphone-net.com

株式会社アレシア　東京都千代田区有楽町1-10-1
http://www.alesia.co.jp

人の心をつかみ、動かす接客技術を持てば
どんな業界でも通用する人材になれる

接客が好評で遠方からの来店客も続々。30店舗以上を展開へ

人との出会いやコミュニケーションが好きな人、人から直接「ありがとう」と言われる仕事がしたい人は「接客業」を目指すのも選択肢の一つだ。単なる「販売」の仕事は将来、AI（人工知能）やロボットに取って代わられると言われているが、顧客の心をつかみ、プラスアルファの売上につなげる接客スキルを持った人材は、ニーズが途絶えることはない。

デジホングループ代表取締役の井上貴博は、20年以上にわたり携帯電話販売業に従事してきた。しかし「携帯電話に興味があるわけではない」という。

「私が極めたいのは、接客技術なんです。接客力を磨く上で、携帯電話ショップは最適。なぜなら、他のどんな商材を扱うよりも顧客層が幅広いからです。学生から高齢者まで、男性も女性も、富裕層も一般層も、あらゆるお客様が来店するので、さまざまなタイプの人への応対経験が積める。しかも、商品力で競合と差別化できないから、人間力を高める努力が欠かせない。ここで培った接客技術、人間力をもってすれば、どの業界に移ったとしても通用するでしょう」

デジホングループが運営するソフトバンクショップでは、一般的な携帯電話ショップでは考えられないような光景が見られるという。お客様がお菓子や旅行土産、花、結婚祝いのプレゼントなどを、わざわざスタッフに届けに訪れるのだ。

スタッフの接客がお客様に喜ばれ、信頼されていることの証ともいえるだろう。

デジホングループでは、関西に拠点を置く株式会社デジホン兵庫、首都圏で展開する株式会社アレシアの2社で、計30店舗以上を展開している。

携帯電話が一般に普及し始めた頃から携帯電話販売業に携わってきた井上は、百数十店が参加して接客サービス力を競うコンテストで優勝した実績も持つ。その接客スタイルを全メンバーに浸透させることに力を注いできた。

お客様が必要としないオプション商品を強引に勧めることは絶対にしない。また、社員同士で売上成績を競わせることもしない。目先の利益を追うのではなく、「顧客満足を追求していれば数字は自ずとついてくる」という姿勢を貫き通した結果、口コミで評判が広がり、売上を伸ばしてきた。遠方からわざわざ来店する顧客も多いという。

携帯電話販売業界では、加盟店が新規出店するにあたって多くの制約が設けられているが、同社はそうした高い実績が評価され、多店舗展開を実現させている。

さらには、カフェの運営をはじめ、接客力を活かした新規事業にも進出。事業の規模と範囲の拡大に向けて人材採用を強化しているが、その採用方針は少し変わっている。これまで受験に失敗したり、部活で落ちこぼれたりと、うまくいかない学生時代を過ごしてきた人、「どうせ自分なんか」と自信を持てない人を積極的に迎え入れるという『コンプレックス採用』を行っているのだ。

「考え方や姿勢を変えることで、人は自分を変えられるし、人生を変えられる。それを当社で体験してほしいんです。この業界は、商品の差別化や価格ではなく『人の魅力』で勝負できる場所。お客様や仲間たちから信頼される人が成功できる場所ですから」

スネていた自分を「掃除」と「挨拶」が変えた

実は井上は、「コンプレックスを持つ人」に、過去の自分を重ねている。接客のプロとしての快進撃を見ると、明るく前向きでバイタリティにあふれた人物を想像するだろう。しかし実は学生時代、コンプレックスのかたまりだったという。受験では、一生懸命勉強したつもりなのに本番でことごとく失敗。部活動も試合直前で骨折。「あいつはいいよな」「こいつは恵まれてるから」と他人をうらやみ、スネた感情を抱いていたのだという。

そんな井上に、ある出会いが訪れた。浪人時代にアルバイトをしていたコンビニエンスストアのオーナーだ。本業は鉄工所の社長であり、不動産を複数所有してマンション経営などを手がける、いわゆる「成功者」だった。

それまで「お金持ち」に対して、「働かず贅沢ざんまいしている」というイメージを持っていた井上。しかしそのオーナーは、店長やスタッフがいるときでも店に現れ、エプロンをつけて自らせっせと掃除をしていた。「なんだ、このおっさんは」と衝撃を受けた。

「その人からは、『掃除』と『挨拶』の大切さを叩き込まれました。どちらも、『お客様が気持ちよくなることをする』ということですが、掃除をすることで自分自身の心も整うものなんですね。また、当時はスネていたので(笑)人に挨拶するのが苦手だったけれど、いざ挨拶をしてみると、自分の気持ちも明るく変わっていったんです」

卒業後、一旦は測量設計会社に就職。しかし、学生時代から副業的に続けていた携帯電話販売事業に可能性を感じ、本格的に取り組むことを決意する。

それ以前は、コンビニオーナーからたまたま譲り受けた携帯電話ショップを運営していたが、その店をたたみ、新しい事業パートナーと株式会社デジホン兵庫を立ち上げた。

このとき決意したのは、「絶対に閉店させない」「地域に貢献する」ということ。前のショップを閉店したときに、「君がいるからこの店で買ったのに」というお客様の言葉が心に残っていたからだ。

「副業でやっていた頃は、携帯電話ショップはお金を稼ぐためのツールでしかありませんでした。けれど、お客様はそんな考えの自分を頼ってお店に来てくれていた。これからは、信頼に応え、長く長く地域のお客様の役に立てる店を作ろうと思ったんです」

事業への出資者は別にいたため、井上は売上数字に気をとられることなく、顧客満足の追求にとことんこだわることができた。それが功を奏し、評判と売上はうなぎ上り。名実ともに「地域一番店」までに駆け上がり、その波に乗って多店舗展開に乗り出した。

競争の激しい業界で、逆風がなかったわけではない。条件の悪い立地での出店を余儀なくされたときは、斬新なアイデアで対抗した。当時はまだ例がなかった、駐車場付きの大型店舗をオープンしたのだ。「うまくいくわけがない」という同業他社の声に反し、その店は大ヒット。県下ナンバーワンの売上を挙げ、業界の人々が成功要因を探ろうと視察にやってくるようにもなった。井上は、長年抱いてきたコンプレックスが薄らぐのを感じた。

「自分の接客スタイルはどこでも通用する」。そんな自信をつけた井上は、株式会社アレシアを設立し、首都圏に進出。最初は地域性の違いに戸惑ったが、顧客のニーズがつかめてくると、売上が急速に伸びた。今では関東全域で10店舗以上を展開している。

接客の技術を極め、それを活かした新規事業展開へ

デジホングループのスタッフたちは、井上が培ってきたノウハウを受け継ぎ、接客技術を磨いている。携帯電話ショップには老若男女、ビジネスパーソンから主婦まで幅広い層が来店するため、それぞれの人に応じた接客力を養うことができる。

もちろん、エリアによって顧客層に差がある。そこで、井上はあえて住宅街、オフィス街、下町、富裕層が多い湾岸エリアなど、さまざまな立地に出店。ジョブローテーションにより、スタッフがそれぞれ異なる客層の店舗で経験が積めるようにしている。

また、接客力の向上を目指すなら、「いつも笑顔で」「真心を込めて」といった、漠然と

したスローガンを掲げるだけではだめだと考えている。井上がスタッフ教育に用いるのは「サービスサイエンス」。サービスを科学的に分類・分析・モデル化し、その理論にもとづいて接客シーンでの課題解決法や顧客へのアプローチ方法を実践するというものだ。

「お客様がどんなことを期待して来店されるのかを察知し、それを上回るサービスを提供することで顧客満足につなげていく。理論にもとづいた接客技術を学ぶことで自信が付き、常に気持ちのよい接客ができるようになります。結果が出れば自信はさらに高まります」

井上が次に描く未来は、自社の接客技術を軸とした新規事業の拡大だ。

同社は女性社員の割合が高く、ライフステージに合った働き方を選べるようにしておきたいと考えている。そこで、社内に新規事業開発に取り組むプロジェクトを立ち上げた。有志メンバーがアイデアを出し合い、外部のコンサルタントがその実現をサポートすることで、1年で事業化できる体制を整備。実際に、カフェの運営、保育園や美容院とのコラボレーションショップといった新事業が次々と形になっている。

このほか、接客技術のコンサルティング事業も計画中。この事業では、育児中などで働ける時間に制約がある社員でも、「研修講師」として短時間勤務が可能となる。ゆくゆくはアジアでの展開も視野に入れており、社員に幅広いキャリアパスを提供できると見込んでいる。

さらに、井上自身が新たに取り組みたいと考えるのが、「地場産業の掘り起こし」だ。携帯電話販売も「地域の役に立つ」という想いでスタートした。その想いを軸に、地域の再生・活性化にも貢献できるビジネスモデルを構築していきたいと考えている。

「オフィス業務に比べて、接客は地位が低いという一般的なイメージがあります。そのイメージを払しょくしたい。あと10年もしないうちに、『接客を一生の仕事にしたい』と思えるような時代を私たちが創れると確信しています」

インタビュアーの目線

苦労話もどこか笑い話にしてしまえるような懐の深さ。そして、話の端々に社員想いの優しさがにじみ出ていました。一方で、不利な状況を斬新なアイデアで覆していく策士な一面も。培われてきた井上社長の接客技術が、日本発の接客スタイルとしてグローバル展開していく未来像にワクワク感を抱いた取材でした。

バリュークリエーション株式会社

代表取締役社長

新谷 晃人

Akito Shinya

1982年、東京都生まれ。2005年、大学卒業後、インターネット広告会社に入社。2008年バリュークリエーション株式会社を創業。

『変化を恐れず、新しい価値を創造する為に、挑戦しつづける。』

今まで、運動などしてこなかったが、3年前からランニングを開始。その後、ロードバイクも開始して、トライアスロンに参戦。趣味はトライアスロン。

CONTACT

東京都渋谷区恵比寿1-21-10 えびすアシスト4階
http://value-creation.jp

「次世代のマーケティング」をいち早く体現し、市場での優位性を高める

有力企業と手を結び、マーケティングソリューションを提供

バリュークリエーション株式会社代表取締役の新谷晃人は、「ビジネスパーソンとして成長するために大切な軸は2つある」と考えている。

一つは、「数字」をベースにして考え、行動するということ。ゴールを明確な数値で設定し、それを前提に戦略を立てて実践するということだ。もう一つ重要な要素は働く姿勢にある。オフィスにゴミが落ちていれば見過ごさずに拾うといったように、環境や仲間に対して心を配ること。仕事の中でも「笑い」を生み、楽しむ余裕を持つことだ。

新谷はそんな働き方ができるような制度・環境づくりに取り組んできた。

バリュークリエーションは、「マーケティングを制するものが、社会を変えてゆく」という想いのもと、マーケティング専門会社として、ソフトバンクをはじめ名だたる大手企業のプロモーションを手がけている。

時代の流れを読み、その時々で最適なＷｅｂマーケティング、プロモーションの手法を用いてクライアント企業にソリューションサービスを提供。過去にはGoogleパートナー企業６０００社以上の中から10社のみが選ばれる優秀賞を受賞した実績も持つ。

FacebookやLINEとも協力関係にあり、Ｗｅｂマーケティング関連セミナーを共同開催した際には、企業のマーケティング担当者など１００人近い参加者を動員。有効なノウハウを提供することで、新規クライアントを獲得している。自らデジタルマーケティングで実績を上げているのがバリュークリエーションの強みだ。

「年間50回に及ぶセミナーを開催してきました。中でもFacebookとの共同セミナーは、会社として信頼を得ることができ、自社のブランド力が高まりました。そのブランド力でLINEとも協力関係を結ぶことができたのです。今では集客もスムーズです。これまで壁にぶつかったことも何度かありましたが、大手広告代理店が手がけないような案件にも全力で取り組み、そこで結果を出すことで信用を築いてきたのです」

新谷は大学を卒業後、広告代理店に入社。１年目で好業績を叩き出した。３年後に退社し、バリュークリエーションを立ち上げた後も快進撃は続いた。「狂乱の時代だった」と、新谷は当時の「若気の至り」を振り返る。

「クライアントと夜の街へ繰り出すことも多かったです。何をやっていても楽しかった。

資金について不安になることもあまりありませんでした。けれど、世の中そんなに甘くはありません。会社を立ち上げて5年目ぐらいから徐々に歯車が狂い出しました」

経営を立て直すと同時に、新谷は自分自身を見つめ直し、「自分改革」にも取り組んだ。この時期に始めたトライアスロンを通じて、経営者の仲間も増えた。さまざまな経営者と交流を持つことで、会社や自身を客観的にとらえられるようになったようだ。「今では生活も経営も健全になった」と笑う。

2016年3月には、さらなる高みを目指すべく分社化を決断。現在は、デジタルマーケティング事業のほか、サロン専売の独自化粧品ブランド『trefle(トレフル)』を核としたコスメティック事業に注力している。

祖父の姿を見て思った。「人情に厚い人でありたい」

平均年齢29歳という若い組織を率いる新谷には、日々現場で徹底している6つのことがある。「素直」「チャレンジ精神」「目標意識が高い」「思いやりがある」「行動が早い」「笑顔が素敵」だ。こういうことを恥ずかしがることも揶揄することもなく実践しているメンバーが、同社では活躍しているという。業績が右肩上がりで伸びているという成果を見るに、この6つの信条は間違っていないと、新谷は確信している。

若くして経営者の道を歩み始めた新谷。壁にぶつかりながらも変革を進めてきたが、創業期から変わらないのは、「人を大切にする」という経営方針だ。

人に対する想いが強いのは、祖父の影響が大きいという。自営業を営んでいた祖父は、怒ると厳しかったが、孫たちをとても可愛がってくれた。破天荒でありながら、人から頼まれて連帯保証人になり2度会社を潰しそうになったこともあるほど、人情に厚かった。「こんな人になりたい」と子どもながらに憧れた。

バリュークリエーションには、「社員に朝食を提供する」という福利厚生制度がある。単身者が多い同社。朝食を食べずに出社する社員が多いことを知った新谷は、2015年に「朝パン」制度を導入した。毎朝、社員たちにパンを無料で配布するというものだ。今では「ハッピーご飯」と名称を変え、おにぎり、弁当など、メニューが広がっている。時には板前を呼び、皆でお寿司を楽しんだり、餅つき大会を開催したりしている。

社員を思いやる気持ちが表れているのは、こうした福利厚生だけではないようだ。給与面においても、社員のライフイベントを十分支えられる水準を…と考えている。

「例えば、彼女がほしい社員がいたとする。同年代以上の収入を得ることで自信や余裕ができて、生き生きと働いていれば、魅力が増して出会いのチャンスが増えるかもしれない。結婚したいなら、若くても必要な資金を十分貯蓄できるし、家を買いたいときには、何の問題もなくローンを組むことができる――そんなふうに社員の人生に寄り添い、応援していきたい。そのためにも、会社としてさらなる成長を目指します。会社と社員が、共に未来のストーリーを描けるように」

とはいえ、「人情」を持ち込んではいけない部分もあると考えている。

「評価制度」については、「人情」「感情」を一切排除した。

「上司個人の好き嫌いや一時的な感情に、メンバーの評価が左右されることはあってはならない。『数値』という明確かつ平等な指標でのみ評価しよう、と。数値をどう上げていくか、やり方は本人の自由。『この方法でやれ』と上司が指示するのではなく、本人の権限で遂行できるようにしました。そのほうが納得感ややりがいを持って取り組めるはず。そうすれば自ずと成果につながるし、本人の力も磨かれると思うんです」

こうした明確な評価制度が、社員のモチベーションアップにもつながっているようだ。

次世代のマーケティングの在り方を自ら体現していく

「現在、広告やマーケティング業界のあり方が問われているように感じています。これまでの流れや慣習にパラダイムシフトが起きている。これまでと同じようなやり方をやっていたのでは未来はないのです」

創業から約10年。「今が転換期」と、新谷はとらえている。次世代を見据えた新たな方向性の一つが、メディア事業だ。主軸であるWebマーケティング・プロモーション事業で積み重ねた実績を基に、クライアントとユーザー、双方にとって役立つようなメディアの構築を目指している。マーケティングが得意ではない専門業種や、ユーザーからの問い合わせに対応しきれない企業がターゲットだ。それぞれに専用のメディアがあれば、ユーザーにとっても利便性が高まり、クライアントにとっても集客につながる。3者にとってWIN＝WINの関係が実現する仕組みだ。

自社でメディアを持ち、運営することには、「マーケティング会社の未来の形」があると新谷は語る。長きにわたり、Ｗｅｂマーケティング・プロモーションで実績を挙げてきたからこそ、叶えられる事業だと確信している。

「創業以来、クライアントのプロモーションを手がけてきました。私たちは何をどうしたら売れるのか熟知しています。そこで、自らメディアを立ち上げ、確実に利益の出せるビジネスモデルとして確立させるのです。一つ成功させれば、あとは横展開ができます。より実践的なノウハウを蓄積し、それをクライアントに還元する。そうでなければ説得力がありません。これが次世代のマーケティング会社のスタイルになると確信しています」

新たなメディアの商品設計は新谷が自ら行っているが、次のＧＭ候補の社員たちにそのやり方を全部見てもらっている。

新谷がどういう業種を選び、どういうプランを作りシミュレーションをしているのか。どの段階でどのような作業をしているのか。どういう業界に顔を出すようにしているのか。日々のメールの文面といったところまで、ＳＮＳやメールで事細かくすべて公開する。いずれ彼らがＧＭの立場になったときに、事例をもとに自分なりのスパイスを足して結果を出してくれればよいと考えている。

また、売上高や利益率といった経営上の数字も社員たちに伝えている。自分が行動したこと、挙げた成果が会社の経営にどう影響を与えているのかを意識することで、一段高い視点でビジネスをとらえられるようになるからだ。

バリュークリエーションでは業界の最先端でやっていることを学べるし、数字にも強くなる。やったらやった分だけ還ってくる会社であると、新谷は自負する。

「社員がやりがいを持って取り組めることが大事。今、未来に向けて新しい事業も作っていますが、それを担ってくれる『人財』にこれからも惜しみなく投資をしていきます」

インタビュアーの目線

2年半ぶりに実現した新谷さんの取材。その間に起きた変化とこれからの展望を中心にお話を伺ったのですが、ドッグイヤーとも言うべき激動期をくぐり抜け、「勢いのある若手起業家」から「凄みを帯びた勝負師」の顔へと変化していく様を目の当たりにした気がします。まるで何か悟りを開いたかのように落ち着き払って、確信に満ちた言葉を粛々と発する様子がとても印象的でした。

ENERGIZE GROUP

代表取締役／CEO

生嶋 健太

Kenta Ikushima

2002年、東証一部上場コンサルティング企業に入社。25歳でマネージャーに昇格し、その後も年間MVPを数多く受賞。クライアント企業の役員を歴任し、29歳で独立。
ENERGIZE-GROUPを創業し、「人、組織、プロダクト、サービスのポテンシャル最大化」に注力。

CONTACT
東京都渋谷区神宮前 2-13-18 木村ビル 2F
http://energize-group.co.jp/

素早く失敗して、多くを学ぶ。
非日常に触れ続けることこそ、
創造性を磨くトレーニング

「実行支援」にこだわり、クライアントの経営にインパクトを生み出す

「Fail fast, Learn a lot」

――素早く失敗して、失敗から多くを学べ。ENERGIZE-GROUP（エナジャイズグループ）代表取締役CEOの生嶋健太は日頃から社員たちにそう伝えている。

「失敗が多いということは、挑戦の経験、学びの経験も多いということ。いつの時代も、失敗を恐れず挑戦し続けた人だけが世界を変えることができるのです。だから当社では失敗を承認しています。失敗してもどんどん次にチャレンジしていってほしい」

ENERGIZE-GROUPは「カンパニーデザインファーム」として、「マネジメント層向けコーチング」と「コスト改善プロジェクト」を事業の柱としている。

現在、売上の多くを占めるのはコーチング事業。米国発祥のマネジメントコーチング手法『すごい会議』の認定コーチとして、会議を通じた経営手法を提供。コスト改善プロジェクトは、主に店舗を展開している企業を対象に、購買コスト削減を支援するものだ。

コスト改善策によって経費を削減し、コーチングによって売上アップへ導くのに加え、

新サービスの開発、企業ブランディング、優秀な人材の採用・育成、課題解決に役立つシステムの開発まで、複数のサポートサービスをワンストップで提供できるのが同社の強み。最近では、新たにＡＩ（人工知能）を活用したビジネスモデルの開発にも乗り出している。

多くのコンサルティング会社では「戦略立案」だけを行うケースが多いのに対し、ENERGIZEがこだわるのは「実行支援」だ。どのような手順で、いつまでに行うかという行動プランにまで落とし込み、成果が出るまで実行をサポートする。

「私たちの仕事は、クライアントが自身では気付けない課題を見つけること。同じことを続けてきたつもりでも、いつの間にかズレてきていることもあるものです。野球でいえば、バッターの打率が下がったとき、『いつもより左ひじが下がっているから、もう5センチ上に』という具体的なアドバイスで復調に導くコーチのような役割を果たしています」

４５０社に達するクライアントは、成長過程にあるベンチャー企業が中心。売上昨年対比１２０～１４０％で推移してきた会社が、ENERGIZEのサポートを受けたことで２００％以上、月によっては５００％近い昨年対比売上を叩き出すという成果を挙げたケースもあるという。

クライアントの事業失敗を機に、「役に立ちたい」という思いが強まった

生嶋が「経営」に興味を抱いたきっかけは、学生時代のアルバイト経験だった。5つのアルバイトを掛け持ちしたが、特に飲食店の運営では、スタッフのシフト調整ひとつでコストが変動し、収益を左右することを実感。価格設定や顧客満足度を高めるサービスなど、打った手がダイレクトに数字に表れる「リアルな数字ゲーム」におもしろさを感じた。

大学を卒業する頃、特にやりたい仕事は見つかっていなかったが、「40歳までに起業したい」という想いがあった。「いろいろな業種の経営者に会いたい」と考え、就職先として選んだのは、中堅中小企業向けにフランチャイズビジネスを提案するコンサルティング会社。営業として朝から晩までがむしゃらに働き、全国2位の業績を挙げた。この時期に得たものは「タフネス」と「『なせば成る』の精神」だという。

とはいえ、最初からトップセールスだったわけではない。当初は「上司に怒られない程度に売上を挙げていた」というが、仕事への取り組み方が変わったのは、担当していた顧客がお店を閉めてしまうという出来事がきっかけだった。

「新人時代は、お決まりのセールストークでフランチャイズビジネスを勧め、成約したら『あとは自分でやってください』という感じでした。それがうまくいかず閉店という結果になり、申し訳ない気持ちになったんです。『俺、イケてないな』と。そういえば、これまでお客様に『ありがとう』と言われたことがないことに気付いた。以来、お客様に真剣に向き合うようになったんです。以前は自分の売上数字が上がれば楽しかったけれど、お客様がもうかるとうれしい、と思うようになった。すると営業成績がぐっと伸びたんです」

当時、営業成績トップを争ったのが、現在は共同で代表を務める秦卓民だ。生嶋と秦は、新会社の役員に抜擢されたが、事業が軌道に乗らず、リストラの話が持ち上がった。若手が会社に残れるようにと、生嶋と秦は自ら身を引く形で退職。起業へと舵を切った。

十分な準備期間もなく、事業内容が定まらないままの船出だったが、理念はあった。社名のENERGIZEには「人を元気にする」「活力を与える」という意味を込め、事業化の基準は『思わず人に伝えたくなるか』とした。

とりあえずは持ち込まれる依頼をこなしながら、新規事業を模索し、「コスト削減事業」に目をつけた。当時はリーマンショックの影響が色濃く残っており、企業ではコスト削減ニーズが高まっていた。「お客様に喜ばれる事業」と確信した生嶋と秦は、前職の飲食店経営支援の経験を活かし、材料などの購買コストの削減を支援するコンサルティング事業を開始。「人とのつながり」を大切にする日本の慣習を重んじ、既存の取引先との関係を維持する仕組みを開発したことで、事業は軌道に乗った。

社員4人で年間1億2000万を売り上げるようになると、ほっとしたせいか停滞感が漂い始めた。しかし「もっと顧客に喜んでもらえるように事業を拡大する」と気を引き締め直し、コンサルティングの導入を検討。そこで『すごい会議』に出会う。トライアルで導入したところ、売上は約4倍の4億円に拡大した。優れたプロセスと成果を実感し、「このメソッドを広めたい」という想いに駆られて事業化を決めた。

事業の拡大に伴って中途採用を行い、組織は15名ほどの規模に拡大した。ところが次々と辞めていき、創業メンバー＋1人しか残らない事態に陥る。彼らは、「何を期待されているのかわからない」と言って去っていった。生嶋は、理念や行動指針を言語化する必要性を強く感じた。

そこで定めたのが、6つの行動指針だ。「FAIL FAST（素早く失敗しているか）」

「INTEGRITY（一貫性があるか）」「HUMAN CENTERED（人間中心に考えているか）」「UNREASONABLE（常識を凌駕しているか）」「ACKNOWLEDGE（すべてを承認しているか）」「BE SEXY（思わず誰かに伝えたくなるか）」――端的な言葉だが、そこに込めた想いを発信すると、理念に共鳴する人たちが集まってきた。採用や育成方針にブレがなくなり、定着率が向上。ENERGIZEならではの文化が築かれていった。

生嶋が、理念の浸透、文化の構築、人材育成などを主に担う一方、秦は営業戦略を立てて数字を追う活動を得意としている。タイプの異なる2人がそれぞれの強みを活かすことで、バランスのよい経営が実現しているようだ。

人材育成は商品開発と同義。教育にかける費用は惜しまない

ENERGIZE-GROUPでは、社員1人につき年間500万円の教育費を投じている。コンサルタント独自の視点を活かしてクライアントの課題解決を図る同社にとっては、社員こそが商品だからだ。「社員教育」とは「商品開発」と同義なのである。

『すごい会議』のメソッド習得にあたっては、メソッドの開発者であるハワード・ゴールドマンから直接指導を受けるほか、研修で一流の人々から学ぶ機会を設けている。

また、「トリップホリデー」も教育の一環だ。これは有給休暇以外で5日間の休暇を取得し、旅に出るというもの。会社が10万円まで費用を補助してくれる。行先は個人の自由。創造性を高め、新しい視点を手に入れることが狙いだ。２０１７年からは2週間フル休業とし、メンバーを旅に送り出す。

「普段の自分、日常の生活の枠から外れてみると、新しいものが見えてくるし、時間の使い方、行動や付き合う人が変わる。それがビジネスパーソンとして、人間としての成長につながります」

こうした教育が奏功してか、社員たちはさまざまな分野に興味を持ち、事業化にも積極的に取り組んでいる。会社側も「人、組織、プロダクト、サービスのポテンシャルの最大化」という目的にかなうものであればバックアップを惜しまない。新たにスタートしたＡＩ事業へのチャレンジも、社員からの発信によるものだ。

内定承諾をした学生は、インターンとして翌年の新卒採用プロジェクトを取り仕切る。基本的なマナーがやっと身に付いたという段階の彼らは、当然のごとく失敗する。失敗しても失敗してもあきらめずにチャレンジする、同社のポリシーを実践していくためのファーストステップだといえそうだ。

今後は、コンサルティング、付随するサービス、ＡＩ事業など、それぞれの部門で売上目標を掲げてはいるが、「売上は大切だが、それほど興味はない」と生嶋は言う。

「お付き合いのある一社一社とのつながりを大切に、彼らの課題をひとつひとつしっかり解決していく。クライアントの満足を追求したその先に私たちの売上があり、事業の継続があるのだと思っています」

インタビュアーの目線

初めてオフィスへ生嶋さんを訪ねた人は、レイアウトから調度品まで緻密にデザインされた空間と、上質なファッションを身に纏ったスマートな出で立ちに目を奪われることでしょう。でもその根底にあるのは、クライアントには絶対に成功して欲しいという妥協の無い姿勢を支える、ストイックなまでの美意識なのですね。チームを勝利へと導くコーチとして何とも心強い芯を感じました。

株式会社TonTon

NGU

今川 博貴

Hiroki Imagawa

1985年、神奈川県横浜市で生まれる。高校卒業後、資金を貯めて地元の仲間5人とファッションブランドを設立。その後、ティーンズ誌のモデルの情報発信メディアを立ち上げるがビジネス化できずに解散。広告代理店勤務、地方の観光ホテルの投資ビジネスなどの経験を積み、2013年に株式会社TonTonを設立。かつての仲間を再結集させ、独自の「人儲け」理念を旗印に不動産事業、飲食事業を軌道に乗せる。2016年度からはドローンパイロットの養成スクール「スカイエステート」を江東区潮見で開校した。

CONTACT

東京都目黒区東山1-5-4 KDX中目黒ビル3F
http://tonton-inc.com/

「人儲け」の精神で取り組めば、人とのつながりから新規事業を生み出せる

人と人とのつながりから生まれた2つの事業

2013年の創業以来、急成長を遂げている株式会社ＴｏｎＴｏｎは、「不動産」と「飲食」という2本の事業柱を持つ。しかし、創業者である今川博貴は、この業種に強くこだわっているわけではない。

「今はたまたま不動産業と飲食業をやっているというだけ。まず『人』がいて、その人ができることを起点に事業を起こしてきたし、今後も新たな事業の可能性を探っていきます。これから入社してくる人は、まずは不動産か飲食いずれかの担当からスタートとなりますが、『これができる』『これをやりたい』と手を挙げてくれるのは大歓迎です」

ＴｏｎＴｏｎの不動産事業部門では、不動産を売りたい人・買いたい人のサポートをはじめ、物件の管理、リフォームやリノベーションを手がける。飲食事業部門では、都内を中心に6店舗を展開。中でも『創作お茶漬け専門店 だよね。』は、純国産オーガニック食材のみを使用した独創性の高いメニューが話題となり、オープンするやいなやＴＶ・雑誌・Ｗｅｂで続々と取り上げられた。フランチャイズ展開を進めており、その範囲を中国・上海へも拡大。２０１６年には上海市場での上場を果たした。

不動産と飲食。一見、関連性の薄い事業のように見えるが、今川にとっては共通の軸がある。それは、「人儲け」という理念を追求するために生まれたものであるということだ。

「僕たちが何より大切にしているのが、『人』。そして、人と人とのつながりです。不動産も飲食も、それを実現するための手段に過ぎません。逆に言えば、そうした『人儲け』を目指してきたことが、現在の成長につながっているんです」

「人儲け」の理念には、さまざまな意味が込められている。「人を幸せにする」「人に愛や感動を与える」「人の役に立つ」「人に常に感謝する」「人に頼られる」など。こうした今川の想いが、ＴｏｎＴｏｎの最大の強みである「社員一人ひとりの人間力」を形作ってきたのだ。

今川が「人儲け」の経営にたどりつくまでには、大きな失敗と後悔、地を這うような苦難があった。学生時代から「仲間と一緒に仕事がしたい」という想いを持っていた今川が最初に起業したのは19歳の頃。小・中学生時代に知り合った地元・横浜の仲間5人と、メンズファッションのオリジナルブランドを立ち上げた。当時の流行をふまえ、「自分たちが欲しい服」を作って売り出すと、驚くほどの成功を収めた。

しかし、調子に乗った今川はある失敗をしてしまう。そのショップは先輩が所有するビルに入居させてもらったからこそ支持を得られていたのに、他の販売ルートからの好条件の誘いに乗ってしまったのだ。先輩の怒りに触れ、激しく後悔した。

今川はこの出来事を「人生最大のあやまち」と振り返る。「もう二度と、絶対に人を裏切らない」。教訓が心に刻まれた。

謝罪としてブランドを丸ごと譲渡した今川たちは、ゼロから再起を図る。次に手がけたのは、ティーンズ誌のモデルたちの情報発信メディアだ。モデルが書いたブログを集めて紹介するという、その後の「読モブーム」を先取りするような画期的な企画。大手レコード会社やファッション誌などから問い合わせが殺到するほど話題となった。ところが、ビジネスとしては成り立たなかったのである。

売上は挙がらないのに、モデルたちには謝礼を支払わなくてはならない。資金はみるみるうちに減っていった。なけなしのお金をかき集めて買った軽トラックで、不要品の回収業をして穴埋めをするはめになった。

当番制で数人が回収作業に出かけ、残ったメンバーは5畳一間の事務所でデスク1台、パソコン1台を使い回して作業する毎日。食事は1日1食が当たり前で、牛丼屋でライスと卵を注文して紅ショウガで食べるのが定番だった。

そんなある日、回収から帰ってきた今川は、ショッキングな光景を目にする。メンバーの一人が空腹に耐えかね、ベランダに置いてあった鉢の土を食べていたのだ。後々聞くと、土ではなく球根を食べていたのだそうだが、そのときの光景は今川に決断をさせた。

その日の夜にメンバーを集め、解散を宣言。「一度、社会に出て勉強し直そう。そして、力がついたら再び集まって何か事業を興そう」と約束し、5人は散り散りになった。

人と人のつながりへの「感謝」を心に刻み、再び起業へ

今川が再出発の場として選んだのは広告会社だった。新しい職場に出勤し、まず感じたのは「感謝」だったという。

「これまでは仲間と使いまわしていたデスク、パソコンが自分専用として用意されていた。それだけでもう『ありがとうございます！』と叫びたくなる気持ちでしたね」

その会社では、郵政省（当時）と組んでアイドルのキャラクター切手を制作したり、大手紳士服会社のプロモーションを手がけたりと、重要な案件をいくつも経験した。そして、多くの人と接する中で、「ありがとう」と言われることに、これまでにない充実感を抱いたという。

単に利益を追い求めるよりも、人と人とのつながりという財産を大切にしたい――そんな「人儲け」の考え方が深く刻まれていった。

「思えば、僕についてきてくれた仲間は、『解散しよう』と言うまで音をあげず、最後まで僕を信用してくれました。それがどれだけありがたいことだったか、身に沁みてわかった。そして、これからの人生は、決してお金で買うことのできない、そうした人との絆をできるだけ多くの人と築いていくことを目標にするようになったんです」

そんなある日、かつて不義理をして謝罪することになった先輩が、沖縄のホテルの再生ビジネスの話を持ちかけてきた。不動産投資はまったくの素人だったが、「これも勉強」と貯金をはたいて参画。運用戦略が見事に当たり、大きな利益を手にする。

好機と踏んだ今川は、かつての仲間を呼び集め、株式会社ＴｏｎＴｏｎを設立した。解散から5年目の2013年のことである。不動産事業と飲食事業は、再結集した仲間がそれぞれ培ってきた経験と知恵を持ち寄った結果、導き出されたものだ。

「事業内容は何でもよかったんです。そこにこだわりはない。何を売るかではなく、誰が売るか、だと思っていましたから」

その言葉通り、「人間力」によって顧客の信頼を獲得。事業は順調に拡大していった。では、今川が言うところの「人間力」とは、どういうものなのだろうか。

「それは人並み外れた能力のようなものではなく、人として当たり前に持っているべきもの。哲学のようなものです。これを社訓として全社員で共有するため、『あ(愛)、い(意志)、う(運)、え(縁)、お(恩)』というキーワードでまとめました。人には運・不運というものがあります。『運』をいい方向に発揮するには、自らの『意志』によってそれをコントロールし、さらにはお客様、仲間、家族、出会ったすべての方々との『縁』によって支えていかなければなりません。そして、その両隣にある『愛』と『恩』を持つことによって、『運』はより強固なものになるのです」

この「あいうえお」は、「順番」にも意味があるという。「う（運）」を引き寄せるには、その前に「い（意志）」が必要であるということ。そして最初は「あ（愛）」から始まるということだ。ともに働くメンバー、取引先、顧客——すべての人に、まず「愛を持って接する」のが、今川の信条だ。

「人ありき」で、さまざまな新事業の可能性を探る

２０１６年、かつての仲間のうち最後の１人がＴｏｎＴｏｎに入社。５人の「再結集」の約束が果たされた。会社の規模は従業員数70人超に拡大。ベランダで球根をかじって飢えをしのいでいたメンバーは、今では不動産部の部長を務めている。

「人儲け」の精神は、時代のニーズの変化に対応して、新たなビジネスを生みつつある。ドローンパイロットの養成スクール「スカイエステート」はその一つだ。

ドローンの想定用途は、クリエイティブ、テクノロジー、エンターテインメント、災害救命現場など、50以上あると言われている。ドローン操縦士協会ＤＰＡ認定の確かな技術を持ったパイロットの需要は、これから確実に伸びていくだろう。この流れに着目した今川は、スカイエステート株式会社を設立、養成スクールを開校したのだ。

将来的には、サーモグラフィーを搭載したドローンで建物の劣化具合を検査するドローン技術者の管理会社を設立しようと考えている。実は、高層ビルや陸橋、トンネル、ダムといった建造物は、法律で定期的な点検が義務付けられているにもかかわらず、人手不足から10％ほどしか行われていないという。これを実現できれば、不動産事業との相乗効果でさらに飛躍できると考えている。

今川流「人儲け」の理念を軸として、今後も思いがけない事業分野へと展開が広がっていくだろう。これから入社してくる人はどんな強みを発揮し、どんな事業分野への道を切り拓いてくれるのか――今川は新しい出会いに期待を寄せている。

インタビュアーの目線

対面した瞬間からはつらつとした笑顔。最初から心をオープンにして話してくださる姿に「目の前の人を大切にしたい」というスタンスが感じ取れました。ドローンビジネスを始めたきっかけを伺うと、飲み会をしていたとき、たまたま隣のテーブルにいたお客さんと話したことがビジネスに発展したのだとか。「人との出会い」「人とのつながり」一つひとつに丁寧に向き合っているからこそ、チャンスに恵まれるのでしょう。

株式会社ディマージシェア

代表取締役社長

大内 慎

Shin Ohuchi

1971年、千葉県出身。SI会社、ITベンチャーにてメインフレーム開発からオープン系の開発まで幅広く経験。1996年、25歳の時、3年後の独立を決意し個人創業。ITコンサルティングファームでプロジェクトマネージメントなどに従事。計画通り3年後の1999年28歳の時、株式会社ディマージシェアを設立。システムソリューション事業をベースとし、iモード向けのグループウェアサービスを皮切りにモバイル・ブログのCMSサービス、ネット広告の収益・効果を最大化する「ADMAGEクラウド」など、自社製品を積極的に展開。「ADMAGEクラウド」は累計導入アカウント数300、国内業界No.1となる。現在はデジタルクラウド事業を軸とした、企業の収益性を高めていく「攻めのIT」ソリューションを手がけている。

CONTACT
東京都千代田区飯田橋1-5-10 教販九段ビル6F
http://www.dimage.co.jp

「攻めのＩＴ」により
企業を発展させる
ソリューション力を持つ

業界の慣習を打ち破ることで成長してきた

顧客企業のＳＩ（システムインテグレーション）をベースに、自社製品やサービスの開発を手がける株式会社ディマージシェア。代表取締役社長の大内慎のスタンスは「システムと」ではなく、まず「人と」向き合うことだ。

「システム開発は手段でしかない。その手段を用いて、顧客の課題を解決し、顧客の想いを実現する。だから、当社のメンバーは単なるＩＴの知識やスキルを備えているだけでなく、顧客の課題をつかんでそれに応える力を身に付けているのです」

ＩＴ業界は、「ピラミッド構造」だと言われる。大手がクライアントから請けた仕事を2次請け、3次請け、4次請けと下ろしていく仕組みだ。そうした業界にあって、ディマージシェアは下請けではなくクライアントから直にオーダーを受けてシステム開発を行う。顧客から直接話を聴き、その想いを形にしていく設計段階から入るのだ。

顧客は、広告やマーケティング関連企業を中心に、デジタルコンテンツ会社、出版社、あるいはＷｅｂマーケティングに力を入れるＥコマース企業など幅広い。さまざまなタイプの企業のビジネスモデルに触れ、「収益を上げる仕組み」の知識を蓄えられるのも、同社で働く魅力の一つだ。

「ＩＴ企業で技術力があるのは当たり前。その技術力をどのように『価値』に変換するかがポイントだと思うのです。キーワードは『攻めのＩＴ』。当社のデジタルクラウド製品の『admage（アドマージ）』は、お客様のビジネスの収益性を高めることに特化していいます。単なる業務効率化やコスト削減ではなく、私たちの『admage』を活用した新しい事業を共に創ることで、お客様のビジネスの発展に貢献しているのです」

「業界の通例とは真逆のことをして、とんがってきた」という大内。常に自分を取り巻く世界を俯瞰してとらえる、いわば「門外漢」の視点を持っていたことが、現在の成長につながったようだ。

採用する人材も、理系人材やＩＴ業界経験者に限る必要はないと考えた。成長する意欲がある人材であれば、文系出身者や未経験者も数多く採用している。

入社者は３ヵ月間の研修を通じ、プログラムやインフラ、データベースなどの基礎知識をしっかりと身に付ける。さらに、早い段階から先輩社員や上司に同行して、クライアントとの打ち合わせにも参加する。

「お客様の価値観や目的を主体的に考え、形にする機会を持つことが大事だと考えています。お客様のニーズをつかみ、自分の手で実現させる力を身に付ければ、仕事はぐんとおもしろくなるはずですから」

技術力を高める一方で、ビジネスセンスを養う研修も積極的に取り入れている。

自社で独自に開発した教育プログラム「Ｐｒｏｊｅｃｔ Ｃａｎｖａｓ（プロジェクトキャンバス）」では、常に思考をめぐらす「Ｋｅｅｐ Ｂｕｓｙ」主体的に物事をとらえる「自責」、ゴールから逆算して行動設定する「ブレイクダウン発想」など、ビジネスパーソンとして大切な土台を学ぶ。先輩が講師となり、自身の経験談を交えてレクチャーするため、現場で実践しやすいのだという。

２人の起業家との出会いが変えた人生

高校時代はバンド活動やアルバイトに明け暮れたという大内。卒業後は情報処理の専門学校に進学した。当時、パソコンは一般に普及しておらず、「周りはコンピュータオタクだらけでカルチャーショックを受けた」と言う。それでも2年間、必死に勉強してSIベンダーに就職。大規模な基幹システムを手がける花形部署でも経験を積んだ。

3年後、「最先端の技術力を身に付けたい」という想いが強くなり、ITベンチャーに転職。それが一つの転機となった。

「小さな会社だったので、社長の営業にも同行しました。そこで経営者の華やかな世界を知りました。同じ時期に、以前いた会社の先輩が独立したという噂を聞いて会いに行ったのです。この2人の起業家と接点を持ったことが、自分も『社長になりたい』という夢を持つきっかけとなりました」

高校時代から多種多様な人と交友関係を結んでいた。エンジニアになっても、クライアントとの交流が何より楽しかった。コミュニケーション能力+テクノロジーでクライアントに貢献したいという想いが、大内を起業家への道へと駆り立てた。

25歳で独立を決意。まずは個人事業主からスタートし、3年間で1000万円を貯めて会社を設立する計画を立てた。専門学校時代の同級生と転職先の会社の同僚が大内の夢に賛同してくれた。3人で貯金をコツコツと積み重ね、計画通り3年後には法人化を実現。創業メンバーになってくれた2人の仲間は、今でも同社で大内を力強く支えている。

意気揚々とスタートを切ったが、会社を続けていく中で幾度となくピンチもあった。「元請けの仕事をしたい」といっても、設立したばかりの会社に直で発注してくれる企業はそうそうない。やむをえず目の前にある4次請けの開発案件に飛びついた。自分たちでスケジュールをコントロールすることができない立場で、仕事はなかなか終わらず、自身も社員も徹夜続き。1ヵ月ほど会社で寝泊まりをすることもあった。社員が疲弊していく姿を間近で見て、絶対に下請けの仕事はやめようと大内は決意した。

「当時はインターネットが急速に普及しつつある中、Ｗｅｂやモバイルサービスの可能性を目の当たりにし、『Ｗｅｂやモバイルをうまく使えば何でもできる』という想いを抱いた。私たちのような少人数の会社でも下請けの開発案件に頼らずに、自分たちの製品やサービスを生み出し勝負できる時代だと確信し、実行に移してきたんです」

3年後の上場を目指し、変化を起こす

創業から18年。従業員90名超（正社員70名、パートナー20名）の規模に成長したが、「まだまだやれる」という想いが大内にはある。

これまで、マーケティングも営業もエンジニア自身が行うのが同社の強みだった。しかし、俯瞰して考えてみるとそれは弱みでもあると気付く。マーケティングや営業の専門家がいれば、もっとスムーズに幅広くディマージシェアの存在を知ってもらえるのではないか――そう考え、マーケティング部門と営業部門を強化していくことにした。

「組織を変えていくことは、未知へのチャレンジです。今が大きくアクセルを踏むべき時。どうなっていくのだろうという不安感もありますが、ワクワク感のほうが強いですね」

さらに、自社のオリジナル製品を世界に広めるという野望もある。その一つの足がかりが、ベトナムのハノイ工科大学との関係だ。8年前からハノイ工科大学の学生を日本人社員と同様の待遇で迎えている。言葉の問題などを解消するのにある程度の時間はかかるが、良好な信頼関係が築けている。

ＩＴ業界では、人件費が安い国に拠点を設けたり外注したりして、低コストで開発を行うのも一般的だ。しかし大内は、そうした事業モデルには魅力を感じていない。

ハノイ工科大学とは縁あって２０１１年にスマートフォンのラボを大学内に開設し、そこからベトナム人スタッフの採用にもつながっている。スマートフォンのデバイスには国境がなく、特にデジタルマーケティングの世界は開発者が日本人である必要もない。世界の優秀な人材とネットワークを組んで開発をすることが、ディマージシェアにとってはメリットだと考えている。

ゆくゆくは、交換留学のような形で日本からベトナムに社員を送り込む計画もある。その先駆けとして、入社１年目の日本人社員がベトナム法人の案件を担当し、現地オフィスに単身出張を経験した。

「ベトナムのスタッフはとても優秀ですし、意識も高い。日本の社員にもよい刺激になっています。グローバル感覚も養えるでしょう。当社では、ベトナムの現地企業やベトナムに進出する日本企業のシステム整備の支援、『admage』のアジア市場での販売も行っていくため、海外ビジネスにチャレンジしたい人にも、そのチャンスを提供します」

組織の体制を強化し、3年後には株式公開も目指す。

「株式上場は一つのロマンですね。先輩たちの見よう見まねで起業して18年。私にとっては達成感を得られる機会になるでしょう。それに、SIは世間一般には認知されにくい業界です。上場することで、ディマージシェアという会社の知名度をもっと上げていきたい。それによって社員たちが『自分が選んだ会社は間違っていなかった』と誇りを持てればいいな、と思います。これから参加してくれる仲間たちのためにも、50年、100年と続く会社を作っていきます」

インタビュアーの目線

「お客様にとってシステム開発は目的ではなく手段に過ぎない」と言い切る大内さん。エンジニア出身なのに、良い意味でテクノロジーを冷めた目で俯瞰できるのは、歳の離れた先輩達と存分に遊んだ高校時代と、ITオタクの巣窟に門外漢として身を投じた専門学校時代、それぞれで身に付けた「社交術」と「客観性」があるからなのですね。「人ありきのIT」という安心感が一番の魅力です。

日経印刷株式会社

代表取締役社長

吉村 和敏

Kazutoshi Yoshimura

1969年生まれ。福井県福井市出身。横浜国立大学 工学部 建設学科 建築学コース 卒業。1993年、清水建設株式会社 入社 建築施工担当。7つの建築現場にて現場監督を務める。最後の案件は「汐留 日テレタワー」。2003年、日経印刷株式会社に入社し、営業部に配属。前職時代にお世話になった方々へのお願い営業を行う。環境報告書パッケージ展開、CSRレポート事業へ展開。2005年、NPS担当課長としてトヨタ生産方式を印刷現場に導入。

2006年、生産本部本部長として品質・生産性を追求。

2009年、管理本部本部長を兼務し、人事と財務に関わる。

2013年1月、代表取締役社長就任、現在に至る。2014年、日経印刷株式会社50周年を迎え、売上高が初の100億円を突破。

CONTACT

東京都千代田区飯田橋2-15-5
http://www.nik-prt.co.jp/

自分の強みが活かせる「営業先」を自ら選択。
お客様の想いを汲み、実現させる力を養う

「紙ならではの価値」を営業力と技術力で提供

「ものづくり」の現場では、常に技術革新が起きている。しかし、技術力だけで優れた製品が出来上がるわけではない。ものづくりの始まりには、それをつくりたいと考えた誰かの「想い」がある。その想いを汲み取り、技術につなげる力を持った人材が欠かせない。

日経印刷株式会社が手がけるのは、「紙の印刷物」。情報伝達や表現の手段は紙からWebへ、アナログからデジタルへと変化しているが、同社は紙の印刷をコア事業とし、順調な業績を挙げている。50年以上の歴史を持つ同社の顧客は、出版社、企業、学校、官公庁など幅広く、扱う印刷物も書籍、写真集、カタログ、白書、試験問題と多岐にわたる。

「紙でしか表現できないものがある。紙の方が信頼感を持ってもらえることもある。『紙だからこそ』の価値が存在する限り、この先もニーズがなくなることはない」

代表取締役社長・吉村和敏はそんな確信を抱いている。

2008年には旗艦工場である「グラフィックガーデン」が竣工した。企画制作から印刷製本、そして発送までの一連の流れをワンストップで行える体制の新たな生産拠点だ。広々とした空間には最新鋭の印刷設備が揃う。スタッフ間の連携を取りやすい良好な作業環境の構築により、コンセプトである「人の想いをカタチにする」が実現しやすくなった。

発注者の意図や想いを汲み取り、技術者と連携して実現させるのが営業社員の役割だ。日経印刷では「Face to Face」の営業スタイルにこだわっている。担当を細分化することもしない。営業担当者が提案から制作の進行管理、品質管理、納品までを一貫して行う。

「〝お客様のその先のお客様〟のことまで考える。つまり、お客様が発行する印刷物を見たり読んだりする人たちのことまでイメージし、理解することが重要。お客様と同じ目線、立ち位置で、課題解決につなげる提案をする力を備えてこそ、未来につながると思います」

お客様の想いをカタチにして課題解決をサポートするパートナーであるために、提案力を磨き、発揮することを重視する。そんな同社は、「ものづくり」にこだわりたい人がやりがいを感じながら働き、成長できるステージといえそうだ。

ゼネコン時代に学んだ、「ものづくり」に大切な姿勢

子どもの頃からものづくりが好きだったという吉村は、大学で建築を学び、大手ゼネコンに就職した。入社直後から「現場監督」として建築現場に入り、さまざまな職種のベテラン作業員が働く中で鍛えられた。その現場での「人と人とのかかわりでものをつくり上げていく」という経験が、吉村の社会人としての原点となった。

現場で鳶の親方に言われた言葉が今も耳に残る。「現場では、それぞれが心意気を持って、お互いに連携して建物をつくっている。それを理解して行動しろ」と。

2003年、10年間勤めたゼネコンを退社し、義父が経営する日経印刷に入社した。人の想いをつなぎいでものづくりをするという点では建設業も印刷業も同じ。活躍できるフィールドであると考えた。

入社後は営業に配属。初めての受注は美術大学の英文の大学案内だった。「美大だからおもしろいものを作りたい」という担当者の想いを最大限汲み取ろうと、クリエイティブ室の担当者と相談し、凝ったデザインの見本を作った。が、周囲からは「こんなもの印刷屋のデザインじゃない、絶対失敗する」と言われてしまう。無性に腹が立った。

「どんなデザインを依頼されても作るのがプロだろう、と。ゼネコンでも『いいものをつくる』という信念を貫いてきた自負があったし、絶対にやってやると思いました」

反対を押し切り、「印刷屋のデザインじゃない」ままの方向性で進めた。結果、コストがかさみ、価格を当初の見積もり額より上げざるを得なくなった。それにもかかわらず、美大の担当者はとても喜んでくれた。今でも忘れられない仕事だ。

「『いいものをつくる』という気持ちこそが原動力。『やればできる』という感覚で皆が協力して知恵を出し合えば、必ず実現できるし、お客様に喜んでいただけると思います。『粋なものづくり』をしようと、常日頃から社員たちに伝えています」

約2年間営業を経験した後、経営効率化のため「トヨタ生産方式」の導入に取り組んだ。反発も受けたが、やり通して成果を挙げ、生産本部長に昇進。さらに管理本部長などを兼務した後、2013年に代表取締役社長となった。

「横のつながり」によって、働きやすい環境に

吉村は、入社後しばらくして気付いたことがあった。「縦割り」の組織形態の弊害により、仕事がスムーズに流れないという課題だ。このとき、ゼネコン時代の「人と人がつながり、皆が心地よく取り組めることでいいものがつくれる」経験を思い出した。横のつながりを機能させれば流れを変えられるのではないか、と。

それを実践しているのが「晴朗塾」だ。これは、さまざまな部署の中堅社員が集まり、全社横断的に改善に取り組むことを目的とした会。吉村の入社以前からリーダークラスの交流会は行われてきたが、新たに「雲ひとつなく晴れた心で熱く取り組み、お互いに学び、会社にとって良いことを発信していこう」というコンセプトを掲げ、スタートした。

部署ごとの問題点などを、晴朗塾メンバーである中堅社員が共有し、案を出し合うことで、社内の問題の解決を図る。

晴朗塾メンバーと吉村のアイデアで「シャッフルディナー」という企画も生まれた。全部署から「飲みたい人、集まれ！」と希望者を募り、くじ引きで席を決めて飲食を共にするという会だ。開始から1時間たつと席を移動する。他部署のメンバー同士が知り合い、交流の機会を持つことを目的としている。こうして「横」のつながりを強くすることで、

より働きやすい環境を整え、強い組織を築きたいと、吉村は考えている。

日経印刷は、もともと風通しの良い風土だという。入社時からそれを感じていた吉村も、社員をファーストネームや「ちゃん」付けで呼ぶ。最近はそれを「パワハラ」「セクハラ」と見なす風潮もあるが、そんなことはお構いなしだ。

「『フレンドリーな会社ですね』と言われたとき、『フレンドじゃない。ファミリーなんだ』って思わず言い返してしまいました(笑)。家族を呼ぶのにさん付けはおかしいでしょう。社員一人ひとりが家族。家族のような愛情を感じながら、お互いに思いやる心を持って仕事ができる環境が理想です」

お互いに思いやりつつ、自立して行動できる組織にしたい

社員同士のつながりを重視すると同時に、企業理念である「個人の尊重と自主独立」という考え方も創業時からブレていない。

いろいろなタイプの社員が集まる中、それぞれの個性を認め、尊重する。自分の利益よ

り他の人の利益や幸福を考えられる「利他の心」を持ってほしいと、吉村は言う。

「周りの人たちが血だらけになっている状況で、『自分だけは成果を挙げたからほめて』というような人は、絶対にほめてやらない（笑）。逆に周囲の人たちを支えつつ、皆が成果を出せるように動く人、その人が輪の中心で血を流して倒れていたならば、真っ先に行って抱きしめてやりたいです。自分を犠牲にしてでも、人のために行動できる人間であろう――社員にはそう伝え続けていきます」

一方で「自主独立」も促す。自分の頭で考え、行動してほしいということだ。

営業社員であれば、基礎を身に付けた後は、どんな領域やお客様に対して営業をかけていくか、自分で決める。印刷物のニーズはあらゆる業界にあるため、自分の興味関心や強みを活かすことができる。例えば、スポーツが好きな社員がスポーツ専門の広告代理店に営業をかけ、国際的スポーツイベントのポスター制作を受注したことがあった。ほかにも、音楽が好きな社員が楽譜の出版社を、アパレル業界への就職を志したことのある社員がアパレルメーカーをお客様として活躍している例がある。自主性を重んじ、任せてくれる風土のある同社では、社員一人ひとりが自分の志向や価値観を活かすことができそうだ。

今後も「紙への印刷」は同社のコア事業であり続ける。デザイナー、クリエイターの表現力が飛躍的に向上したデジタル印刷技術を駆使し、印刷物の品質をさらに高めていく。同時にこれからはICTを含め、ネットとの融合についても推進する方針だ。「印刷物とAR（拡張現実）」融合の事業展開も始まっている。吉村は、印刷物とARの親和性の高さに注目しており、印刷物に新しい付加価値を付けることで、これまでとは別の視点からのお客様の課題解決も可能になるとみている。

「表現物の可能性は、アナログとデジタルとの融合によってさらに広がる。今後も人と人をつなぎ、技術と技術をつないでいきます」

インタビュアーの目線

「社長の娘婿」という立場で異業界から来て、内部変革を担う——反発が起きたこともあったとのことで、その苦労はいかほどだったかと思います。それでも達成し、体制を築き上げてこられたのは、ものづくりへの信念と人に対する温かな想いが伝わったからなのでしょう。人情味あふれる笑顔が印象的で、まさにファミリーの社員にとっての「お父さん」というべき存在であることが想像できます。

株式会社メディケアー

代表取締役社長

後藤 康太

Kouta Goto

1973年、神奈川県横浜市出身。催事事業の経営を経て、ベッドメーカーに入社。約6年で当初の25名規模から220名規模へ拡大する過程で、営業、マネジャーを務める。30歳のとき、実家が経営する株式会社メディケアーに入社。37歳のとき、代表取締役に就任。以来、M&Aによる規模拡大、事業所の新規開設を進め、現在11事業所を展開。高齢者へのサービスを事業とする中で、利益の一部を未来の子供たちを支援する活動にあてたいという想いから、発達に関する障がいのある子どもやその家族を支援する「放課後等デイサービス　NEST」、障がいを持つ子どもたちにサーフィンを教える「Ocean's Love」など、幅広い支援活動を行っている。

CONTACT

神奈川県藤沢市藤沢1027
http://mc-tehart.com/

幅広い業種の人たちと交われる研修なども活用し、
「深く考える力」を身に付ける

「一番に選ばれる会社」になり、競争を勝ち抜く

「新規営業所の立ち上げはすべて現場社員が主導しています。エリアマーケティング、物件の選定、組織編成、営業戦略まですべて。日常的にも、新商品・サービスの導入やカタログ制作といった業務は現場任せ。社長である僕の仕事は、新規事業の模索、そして教育コストを惜しまず投入して社員の成長をバックアップすることです」

株式会社メディケアー代表取締役社長・後藤康太はそう話す。

同社は1980年代前半、介護保険が導入されるずっと以前に、先駆けて「介護の店」をオープンした。以来、福祉用具のレンタル・販売をメインに、バリアフリー住宅へのリフォーム事業、居宅介護支援事業などを展開している。

介護業界では約8割の事業者が10年以内に撤退するというデータがあるが、メディケアーは30年にわたり成長を続けている。後藤がこだわるのは「エリアナンバーワン」だ。

「野球が好きで、同じルールで試合に出場していても、目指すところは皆異なるでしょう。『1回戦に勝てればいいや』というチームもあれば『絶対甲子園に行く』と決意している

チームもある。うちは甲子園を目指す会社なんです。どのエリアに進出しても、そこで必ず『代表』のポジションを勝ち取る」

高齢化に伴い、今後も高齢者福祉事業の市場規模は拡大していく。しかし、介護保険制度のもとに事業が成り立っている以上、制度改正の影響は避けられない。国の財源が厳しくなる中、マイナスにこそなれプラスに転じることは期待できない。

それでも、「ナンバーワン企業」でいれば顧客に選ばれ続け、生き残ることができる。要介護認定時に福祉用具利用のプランニングを行うケアマネジャーや利用者当人から「信頼できる会社」として真っ先に指名されることを目指し、サービスの質を高め続けてきた。

「『おもいやりの心を持つ』が一貫した理念。自分が売りたい商品を一方的に提供するのではなく、相手が何を求めているのかをつかんで最善の提案をする。それを社員たちに浸透させることに力を注いだ結果、地域の信頼を勝ち取ることができたと自負しています。社員自身も、『人の役に立てている』という喜びを感じられてこそ、次の成長に向かって自然に努力できるものだと思います」

メディケアーの成長の要因は、顧客満足度の高いコンサルティング力だけではない。社員それぞれが「自分で考えて走る」風土ができていることで、新しいアイデアや工夫がどんどん生み出されているのだ。しかし、そこに至るまでには大きな苦難があった。

メンバーとの壁を取り払い、夢を語り合う「仲間」に

メディケアーは後藤の両親が立ち上げた会社だ。後藤は当初はメーカーで営業として働いていた。「一番」を目指し、難題にぶつかっても「できない理由」は考えず、「どうすればできるか」を考え続けた結果、高業績を挙げ、管理職への昇進も果たした。プレイヤーとしてもマネジャーとしても自信を付けた30歳の頃、メディケアーに入社した。

最初は意気揚々。しかしすぐに厳しい現実を目の当たりにする。社員たちは忙しすぎて疲弊しており、幹部メンバーは次々と退職していく。「このままではいけない」という危機感を抱いた後藤は、とにかく社員とのコミュニケーションを増やすことを目指した。

日中、仕事現場での対話量を増やすだけでなく、夜も話をする時間を持とうと考えた。しかし、終業後に飲みに誘っても、ついてくる者はいない。「社長の息子」である自分に、距離を置かれているのを感じた。それでも後藤はあきらめなかった。

「10回も20回も言い続けましたね。一緒に飯食いに行こうよ、と。特にキーマンといえるメンバーには、パチンコ屋に行くと聞きつけたら、偶然を装って隣の台に座り、『この後、飯に行こうよ』と。ほとんどストーカーです(笑)。彼らもさすがに根負けして、しぶしぶながら付き合ってくれた。いざ一緒に飲むと、素直に愚痴や不満を語ってくれたんです」

後藤が彼らの話にひたすら耳を傾けると、やがて彼らも後藤に心を開いていった。不満をすべて出し切ると、話題は夢や理想に変わっていった。

「自分たちはこれがしたい。こうなりたい」を毎日のように語り合うようになり、いつしか同じ未来へ視線を合わせていた。社内に活気が戻り、辞めようと思っていたメンバーも再び会社を好きになった。社員それぞれが、プライベートの友人に「うちの会社いいよ！」と声をかけ、同じ志を持つ仲間がどんどん集まってきた。

社員が「主役」になれる力を持てるよう、教育にコストを投入

仲間が増え、業績が伸びて余裕が出てきた頃、後藤は新たなテーマに力を入れるように

なる。それは「教育」だ。

「市場が成長し続けることはない。同じことだけ続けていても、いずれ壁にぶつかる。会社が発展し続けるためには、新しいことにチャレンジしていかなければならない。そのために必要な力を社員が身に付けられるようお膳立てするのが、社長の役割だと思います」

新人や若手から経営幹部の育成に至るまで、社内教育だけで済ませるのではなく、外部の専門家による高度な研修サービスを利用。多大なコストを投じている。

例えば、新入社員教育の一貫として行っているのは『ネクサミ』への参加。これはさまざまな業種の企業から参加している社員たちが、自社の現状をプレゼンしたり、他社のプレゼンを聞いて話し合ったりしながら、課題解決力や思考力などを高める場だ。それぞれが掲げる「高い高い目標」の達成に向け、7ヵ月間活動する。

また、ときには、1週間泊まり込みの研修にも社員を送り出す。それだけの時間、現場で働いてもらえば会社の売上は上がる。しかし中長期視点で考え、後藤は教育を優先する。

幹部候補メンバーは、年間でおよそ60日、「経営」を学ぶ外部研修を受講。財務諸表の読み方を学んで帰ってきたメンバーには、自社の5期分ほどの決算書を見せて分析してもらい、会社の過去・現在を理解できたところで今後のビジョンを相談する。

「自分には『こだわり』がない」と後藤は言う。「これは社長である自分の仕事だ」などと抱え込むことをしないのだ。経営に大きな影響を与える重要な判断も、社員たちに任せてしまう。現在、神奈川と東京に11以上の拠点を展開しているが、それらの新規出店時の立地も物件も、すべて社員が決めた。

「それぞれ自分の人生、自分が主役。会社においても主役は自分。一人ひとりが自然と主役になれる環境をつくることが大切なのかな、と思ってます」

40年先を見据え、新たな可能性を探る

重要な経営戦略の策定も実行も社員たちに任せているという後藤。自身は日々何に取り組んでいるのかというと、「毎日、飲み歩いてます。昨日も今日も二日酔い。さすがに身体がキツイ」と笑う。確かに彼のFacebookには、国内外に飛び回って会食三昧の日々を過ごす様子が連日投稿されている。友達からは「ちゃんと仕事してる？（笑）」とコメン

トで突っ込まれることも度々だ。

「ダメ社長と思われてるな」と苦笑しつつ、後藤は今自分がやるべきことはこれだと考えている。業種問わずさまざまな人に会い、多方面から情報を仕入れ、頼れるネットワークを築くことだ。

後藤の目は、すでに40~50年先に向けられている。

「今のビジネスは、あと10年程度は順調に推移するでしょう。でも、今入社してきている新入社員は、あと40年は仕事人生が続く。彼らが当社で働き続け、豊かな生活を手に入れられるようにしなければ。40歳や50歳になったとき『昔はよかった』なんてみじめな思いはさせない。『今がいちばんいい』と常に誇りを持ち続けられる会社をつくらなければならない。だから僕は今フリーな状態で、次世代のメディケアーが進む道を探っています」

実際、社外での活動で築いた人脈から、新たな事業が生まれた。アクティブシニアに向けた「予防運動サービス」だ。スタートから3年、依頼は2000回を超え、体験者はのべ4万人に達する。

このサービスを通じ、福祉用具を必要としない高齢者もメディケアーのお客様に加わる。

その「顔が見える」顧客データベースを活かせば、新たな事業の展開も可能だ。例えば、認知症の新薬の臨床試験を行う会社と治験協力者を結び付けるサービスも視野に入れている。

このほか、福祉用具のコンサルティングサービスのノウハウを、今後高齢化が進む中国・韓国・台湾などに輸出し、FC展開する道も検討中だ。

可能性は無限。だからこそ後藤は社内にとどまらず、外の世界で知見を広げている。

「まだまだ形になっていないけれど、ワクワクするような新しい舞台に、社員たちを主役として立たせてやりたいですね」

インタビュアーの目線

飲んでばかりで全然仕事をしていない…とうそぶいていたかと思えば、ふと真面目な顔をして会社の未来を語る後藤社長。取材中、9割方は冗談みたいに笑い飛ばす中で、1割の本気に惹きつけられます。何かと厳しい話題の多い介護業界において、同社が好調を維持しているのも、後藤社長が持ち前の柔軟さで、市場で常識にとらわれない采配を振るわれてきたからではないでしょうか。

株式会社ZUND

代表取締役社長

橋本 龍八

Tatsuya Hashimoto

1978年兵庫県姫路市生まれ。10代～20代は建築関係の職を転々とする。2002年4月より「ラー麺ずんどう屋」を23歳で創業。2016年日本国内29店舗、ニューヨーク1店舗を展開する。2017年、新たに10店舗を出店予定。座右の銘は「百聞は一見に如かず 百見は一試に如かず」。一生の目標は「みんなが幸せな会社を目指し続ける」こと。人生の目標は「今日死んでも悔いなく死ねる毎日を精一杯過ごす」こと。

CONTACT

兵庫県姫路市野里327-1
http://www.zundouya.com/

「宇宙でいちばんのラーメン屋」へ。
その実現に必要なのは人に「感動」を与える力

ただのラーメンじゃない。それは想いがこもった「作品」だ

関西を中心に27店舗を展開、2015年にはニューヨークに海外初出店も果たした「ラー麺ずんどう屋」。店舗の入れ替わりが激しい飲食業界、しかも特に激戦の「ラーメン」業界にありながら、これまで一度も店舗閉鎖することなく成長を続けている。

運営母体である株式会社ZUND代表取締役社長の橋本龍八が目指すのは『宇宙でいちばんのラーメン屋』。これからも拡大を続けていくにあたり、新たなポストがどんどん生まれてくる。そのため、社員には、店長、エリアマネージャー、システム管理部門、人事部門、農業部門など、一人ひとりの志向や適性に応じた多彩なキャリアパスの選択肢がある。希望によっては独立開業も可能だ。

「宇宙一を目指せる」という橋本の自信の根拠は、創業以来、妥協することのない「味へのこだわり」にある。

「味にこだわるとついつい材料費がかさんでしまい大変なこともありましたが、それでも

原価を抑えて味を落とすような真似はしたくなかったんです。今後も、ずんどう屋の味に『完成』はありません。時代とともに、道具も製法も食材も進化していく。それらをどう活かすかを研究し続け、まだまだ進化していきます」

ラーメンは「作品」であると、橋本は言う。それは、麵とスープをつくる職人、最高の状態に調理し美しく盛り付けるキッチンスタッフ、気持ちを込めて提供するホールスタッフ、みんなが一体となってつくりあげるものだ。だからこそ、スタッフ全員に理念や経営方針を浸透させることにも力を注ぐ。

多店舗展開を推し進めるZUNDでは、多いときでは1ヵ月で50人を超えるスタッフが入ってくる。その度に、専用のグループメールで会社の理念や方向性の共有を行うのだ。

その理念とは「高い志を持て」。「一杯のラーメンから世界中に感動を与え続ける」「維持する為に進化し続ける」「地域に愛され地域一番店を志し続ける」「すべてはみんなの幸せを第一に考え行動し続ける」――こうした志を折に触れて伝えている。その積み重ねが、急成長を支える屋台骨となっているのだ。そしてスタッフたちは、その理念のもと「人に感動を与える力」を身に付けていく。

テレビを観て「かっこええなあ」。その5ヵ月後に店をオープン

脱サラでラーメン店の創業者といえば、「有名店で修行して独立する無類のラーメン好き」を想像するのではないだろうか。しかし、橋本はラーメン店での修業を一切していない。それどころか、創業する前には「あまりラーメンが好きではなかった」という。

高校時代の橋本は、遊びに明け暮れた結果、出席日数が足りず中退。その後は土木作業員、水道工事、ペンキ屋、左官、鳶職といった職業を転々としていた。そんな橋本がラーメン店を創業したきっかけは、23歳のときに何気なく観ていたテレビのドキュメンタリー番組だった。

「ある日『情熱大陸』を見ていたら、ラーメン屋さんが特集されてたんです。そのラーメン屋の店主は、僕の一歳上の24歳。歳はひとつしか変わらないのに、自分がつくり出した味で店を構えて、店の前には行列までできている。それを観て、単純に『かっこええなあ』と。次の日にはその店主さんに直接電話をかけて、車で7時間かけて会いに行きました。その同じ日に、肉屋に行って鶏ガラを調達したり、本屋に行ってラーメンの作り方の本を買ったり、家のコンロを改造したりして、スープ作りの体制を整えました。昔から行

動だけはめちゃくちゃ早いんですよ（笑）」

それ以前から「何か自分で成し遂げたい」と思っていた橋本に、火が着いた瞬間だった。走り始めると勢いは止まらない。毎日仕事が終わった後に家で試作を繰り返し、それを友人や家族にふるまう日々が続いた。ラーメンづくりの経験はまったくなかったにもかかわらず、味の評判は上々。「これはいける」と確信し、銀行や家族に合計1000万ほど借りて開店資金を集めた。

そこからめぼしい空き店舗を借り、勤めていた会社を退職。そして2002年4月、テレビを観てから5ヵ月後という、普通では考えられないハイスピードで「ラー麵ずんどう屋」の第1号店をオープンさせた。

「出店したのが人気ラーメン店の隣だというのもあって、周りからは『絶対ツブれる』『やめとけ』と言われましたね。でも、いざやってみると初日の売上が20〜30万あがって、『案外いけるやん』と。逆にお客さんが入りすぎて仕込みが間に合わなくて、開店3日目の日曜日には店閉めてましたからね。『それがまたカッコイイ』とか思ってしまって。まあ、今思えば舐めてたんでしょうね。飲食業もラーメンも（苦笑）」

橋本も言う通り、世間はそうは甘くはなかった。まったくの素人がつくるスープは味のバラツキも大きく、1ヶ月ほどすると客足は遠のき経営は悪化。開店1年目で、橋本は運営資金400万円の借金を背負うことになる。

「正直、サラリーマン時代を思い出して、『1日18時間も働いてんのに、なんで収入にならない？　それどころかなんでこんなに借金せなあかんの？』と思うこともありましたよ。でも、借金があるからサラリーマンに戻るにも戻れない。必死でしたよ」

死に物狂いで働き、店は徐々に持ち直した。5年目には月売上800万円を達成。この年には2店舗目を姫路の駅地下に出店している。さらに翌年には3号店をオープン。4店舗目をオープンするときには、年商10億にも対応できるセントラルキッチンをつくった。

しかし、大阪の心斎橋に6店舗目を出店したとき、再び大きな壁が立ちはだかる。

「関西での知名度を上げようと思ったら大阪は外せません。うちのラーメンは濃厚なんで、『若者が集まる心斎橋だったらウケるだろう！』と思って自信満々で大阪に初出店したんですけど、これが鳴かず飛ばずの大赤字で…。他の店舗の利益を全部とってしまう『ストレスの源』みたいになってました」

予想以上に大きかった兵庫と大阪のギャップ。しかし、そんな状態でも橋本は決して諦めなかった。ニーズに合わせるように地道な改良を続けた結果、店は徐々に繁盛。開店当初は月500万だった売上が、現在では2500万まで伸びている。追い込まれたときにこそ腰を据え、粘り強く戦っていけるところが、橋本の強みだといえる。

2020年には100億を。常に「次の島」を目指して

2015年には初の海外店として、ニューヨークへの出店を果たした。

「世界の中心であるニューヨークで、世界中の人がうちのラーメンを食べてくれている。その事実は、やっぱりロマンがありますし、奮い立ちます。今後も店舗展開はどんどんしていきたいと思っています。目標は地球に1000店舗。2008年の4月、3店舗目のときに会社を設立し、その時の年商が3億でした。それから本格的に店舗展開を志し、創業10年で10億まで伸びました。現在は36億円です。単純ですが、『だったらもう10年あれ

ば今の10倍いける』と、創業10周年のときに『2018年には50億、2020年に年商100億にする』という目標を掲げたんです」

自身を「船長」と例える橋本は、目標を達成するたびに、すぐ「次の島（＝目標）」が見えてくるという。

しかし、ロマンだけを追い求めているのではない。「そろばん」の感覚も研ぎ澄ませ、先に海外出店している先輩経営者から常に情報を仕入れ、具体的な戦略を練っている。学生のときには苦手だった勉強も、経営のためなら「楽しくて苦にならない」という。

同時に、社員教育にも力を入れる。特に重視するのが7つのスキル。前向きな「気」を持つ「ポジティブスキル」、周囲との関係を円滑にする「ヒューマンスキル」、時間を有効活用できるよう管理する「タイムマネジメントスキル」、数値目標設定や効果測定を適切に行う「メジャーメントスキル」、情報収集を行う「リサーチスキル」、ゴールから逆算して工程や計画を組む「逆算志向のスキル」だ。これらを身に付ければ、あらゆる業種・職種で活かせるだろう。

「できないからやらない」ではなく、「できないことができるようになる」という成長感、達成感を楽しんでほしいと、橋本は言う。「今までうまくいっているから変える必要はない」という発想はZUNDにはない。さらにいい方法を考え、失敗を恐れずにチャレンジしていくことで、会社も人も成長するのだと考えている。

「僕自身、会長職になるとか次期社長を育てるといったことは考えていますが、引退は頭にありません。自分は走り続けるのが好き。これからも、お客様を、従業員を、そして自分自身を興奮させ続けていきたいですね。たった1杯のラーメンにも、人を感動させる力がありますから」

インタビュアーの目線

ラーメンに興味を持った翌日にはスープを試作していたという「行動力」と、大阪に進出して大赤字を出しながらも粘り続けた「胆力」。事業の発展を支えたのは、橋本さんに備わっていたこれらの強みであることは間違いありませんが、900人を超えるスタッフを束ねているのは、身長187センチの長身と人懐っこい笑顔が醸す「頼りがいのあるお兄ちゃん」的な魅力ではないでしょうか。

株式会社アップル

代表取締役

文字 放想

Yukio Monji

1984年生まれ、神奈川県出身。14歳(中学校2年生)の時から引越し会社で作業員のアルバイトを始める。その後、何社もの引越し会社でアルバイトや社員として働く。2006年、21歳の時に株式会社アップルを設立。現在に至る

CONTACT

東京都中央区日本橋馬喰町 1-5-6-9F

http://www.apple-hikkoshi.co.jp/

自分の中に信条と目的意識を持つことで マニュアルに頼らない判断力が磨かれる

格安でありながら、高品質な引越しサービスを提供

ＩＴやＡＩ（人工知能）などの技術が進化するとともに、「マニュアル」の通りにこなすだけの業務は消えていくだろう。しかし、その場その場の状況に応じて臨機応変な対応力が必要とされる仕事、それができる人材は今後もニーズが途絶えることはない。

そんな「マニュアルがなくても適切な判断が下せる人材」の育成を目指しているのが、株式会社アップル代表取締役・文字放想（もんじ・ゆきお）だ。

アップルが運営するアップル引越センターは、２００６年の設立以来、増収を続けている。10周年を迎えての年間売上高は10億円近くに達した。文字が中古の2トントラック1台で始めた事業だったことを考えると、目覚ましい成長ぶりといえる。

アップルの強みは「格安」でありながら「品質が高い」ことだ。同社では、利用したお客様から寄せられるアンケートを重視。喜びや称賛の声を受けた社員を高く評価し、表彰する。お客様に喜んでもらえる行動を共有し、社内に広げていくことで品質向上に取り組んできた。顧客の満足度が高まり、再利用や紹介による受注が増えたことで広告宣伝費を抑えることができ、格安料金を実現できているのだ。

「『売上を上げること』を目標にするのではなく、『お客様に喜んでもらうこと』『気持ちよく新しい生活を始めてもらうこと』にとことんこだわっています。スタッフ一人ひとりがそれを目指して行動しているから、お客様に満足いただけているんです」

とはいえ、「安さ」と「高品質」だけではない。成長の背景には、綿密なターゲット戦略もある。通常、引越業界では単身者、家族、オフィスという3つの分類で顧客分析が行われるというが、アップルではさらに細かく分類。特に単身者について、首都圏、関西圏、地方ごとに「予算に限りのある20代」と「予算に余裕のある30代」などに分け、「首都圏に住む30代の単身者」を主なターゲットに設定した。そうした人々にとっての利便性向上に取り組むことで、満足度アップにつながっているのだ。

お客様の利便性を追求し、最近リリースしたサービスの一つが、単身引越しECサイト「ラクニコス」。スマートフォンから3分で引越予約ができるサービスだ。住所、荷物などのデータを入力するだけで、引越し費用の確定金額がカレンダー表示される。アップルが持つ過去10年分の見積りのビッグデータを活用し、訪問や電話でのやりとりなしで見積もりと引越予約ができるようにしたのだ。これまで「ネットで引越予約」をうたったＷｅｂ

サイトはいくつかあるが、スマホ向けに最適化されたサイトは業界初である。

14歳で引越し業界へ。さまざまな引越し会社でスキルを磨く

文字と引越し業との出会いは、14歳のときにさかのぼる。中学1年生までは、どこにでもいる普通の真面目な少年だったという文字。ところが、1年生の2学期になると、思春期特有の反抗心から不登校になり、連日、悪友の家に入り浸って昼夜逆転の生活をするように。ある日、親の財布からお金を抜き出そうとしたのがバレ、父から愛の鉄槌を受けて「このままではいけない。生活を改めなければ」と痛感した。

その手段として選んだのは、「自ら働いてお金を稼ぎ、経済的に自立する」という道。文字は小さな引越し会社でアルバイトを始めた。

「自ら選んだというより、偶然に出会った仕事ですが、すぐにこの仕事の魅力に気づきました。引越業は、お客様の『人生の節目』をお手伝いする仕事。無事にやり遂げたときの達成感は大きかったし、何より、自分が一所懸命に荷物を運ぶことで、お客様から『ありがとう』の一言がもらえることがとてもうれしかったんです」

それから中学卒業までの2年間、ほとんど学校には行かず引越し作業に従事した。ある日、当時働いていた引越し会社の社長にこんなことを言われる。

「お前もオレみたいに学歴がないから、今はよくても将来は大学とかを出た人たちに抜かれるぞ。そうなりたくなかったら、自分で会社を興すか、伸びる会社で頑張らないとダメだぞ」と。その言葉が、文字の心にずっと残った。

以来、文字は「スキルアップ」を意識するようになる。複数の引越し会社を渡り歩いて、電話受付や見積もりの仕方、コールセンターでの指示や配車管理などの仕事を覚えていった。一時期はリサイクルショップの店長を務めるなどの寄り道もあったが、引越し業界で「喜ばれるサービス」や「効率的なオペレーション」のノウハウを積み上げていったのだ。

18歳のとき、あるオーナー会社の下で独立採算制の引越し業を始めてからは、年間の休日が5日しかなかったほど、がむしゃらに働いた。トラック2台から始めたその事業はトラック15台規模にまで拡大し、文字の月収は100万円に達した。だが、2年ほどでその会社を退職することになる。オーナー社長の「人はいつか辞めるから、辞めるまでこき使った方が得だ」という考え方に強い抵抗感を抱いたのだ。

厚待遇を捨て、21歳で株式会社アップルを設立。100万円を元手に、中古の2トントラック1台と2DKのアパートの事務所からスタートした。19歳で結婚して子どもも生まれていたため、「とにかく生活費を稼がなければ」の一心だった。

「会社は何のためにあるのか？」を真剣に問い続けた日々

アップルは1期目から7000万円、2期目には1億5700万円と急速に売上を伸ばしていった。3期目には支店も開設した。しかし、すべてが順調だったかというと、そうではない。創業して5年が経とうとする頃、「何かが狂い始めた」という。

「売上が上がり、人が増えていく過程が楽しくて、ただただ走り続けていました。でも、ふと立ち止まって『何のために仕事をするのか』と自問したとき、目的がないことに気付いた。『生活するためのお金を稼ぐ』という当初の目的はすでに達成していて、その時点での目的・目標を見失っていたんです」

拡大に伴って現場に目が届きづらくなり、スタッフが好き勝手に行動するようになっていたことも、文字を悩ませた。現場は「やることとやっていればいいだろう」という風潮に傾き、社内の空気が悪化した。顧客からは、それまで考えられなかったようなクレームが寄せられるようにもなった。文字は「どこかのタイミングで会社をやめてしまおう」とさえ考えるようになった。

しかし、人との出会い、そして勉強の機会を得たことで、考え方が変わっていく。それまで出会った先輩たちに話を聞きに行ったり、さまざまな本を読んだりして「会社は何のためにあるのか?」「自分の人生とは何なのか?」を問い続けた。そうして、一つの理念にたどり着く。

「引越しを通じて一つでも多くの笑顔を生み出し、笑顔あふれる世の中にする」――それを自分が果たすべき「使命」と定めた。

「理念と同時に、目標も考えました。そして、自分が50歳になる2034年までに『年商500億円の日本一の引越し会社になる』という具体的な目標を打ち立てた。どうしたらそれを実現できるかを考え始めたら、メチャクチャ楽しくて、ワクワクしてきたんです」

引越しは、多くの人にとって人生のターニングポイントであることが多い。その体験は、良きにつけ悪しきにつけ、強い印象を残す。それだけに、依頼者にとって愛着のある家具や持ち物を旧居から新居に移す作業には、細心の注意を要する。

「引越しは一つとして同じケースはなく、お客様一人ひとりによって状況が異なります。そのため、『こういうときはこうする』という方法論を完璧にマニュアル化することはできません。だからこそ、現場で正しい判断を下すための基準が必要。それは、『人としてどうあるべきか』という信条なのです」

この信条を明文化し、共有するため、文字は「クレド(信条)」の作成にとりかかった。「第1条　目的があれば何も怖いことはない」「第18条　自分の力を信じる」など、最初は24条ほどからスタートし、今は31条を定めている。すべてのスタッフに浸透するように、毎日の朝礼で1日1条ずつ読むことを習慣付けている。

最初は、「社長、何を言い出したんだ?」と反発されることを不安にも思った。しかし、伝え続けていくと、共感を呼び、「社長の考え方が好きだ」「ここが自分の働く場所だ」という声も聴こえてきた。「引越し屋で正社員になるのはちょっと」と言っていたアルバイトスタッフも「やはり社員になりたい」と正式入社してきた。

もちろん、信条だけで年商500億円を目指せるわけではない。システムへの投資や、引越しに付随する新サービスの導入を進め、顧客の利便性と業務効率を高める取り組みを進めている。幹部の育成にも力を入れていく方針だ。

「私たちは単なる引越し会社ではなく、引越しを通じて〝笑顔〟を生み出す会社です。お客様の笑顔はもちろん、仲間である従業員とその家族、関係の取引先などすべての人を笑顔にすることができ、社会から必要とされる会社になることが使命。戦わずとも『選ばれる』会社を目指していきます」

インタビュアーの目線

32歳という若さで社長をつとめる人はどんな人なのだろう、と興味津々で文字社長にお会いすると、「こう見えても社会人歴18年、社長歴10年です」という自己紹介を受け、一瞬にして惹きつけられました。半生をお聞きすると「がむしゃら」なイメージで、「理念」へのこだわりの強さを実感。その一方で、事業戦略は極めて理論的かつ合理的と、意外なギャップが。「日本一」という目標が「現実的」と感じさせられました。

EMZ株式会社

代表取締役社長／EMZ税理士法人　代表社員

佐久間　将司

Masashi Sakuma

1972年東京都生まれ。1996年3月、慶應義塾大学卒業、監査法人トーマツに入社、監査業務に従事。1997年1月、東京共同会計事務所にて、証券化、デリバティブ商品のコンサルティングに従事。1999年5月、HSBC証券投資銀行部門、JPモルガン証券投資銀行本部にて、上場企業のM&A、資金調達、IR等に従事。2004年11月、フィールズ株式会社にて、M&A、グループ戦略、IR、資本政策等に執行役員として従事。2009年3月、EMZ（エムズ）株式会社代表取締役社長に就任後、EMZ（エムズ）税理士法人を設立。税務顧問、経理アウトソース、労務管理等のワンストップサービスを展開。2012年12月、EMZ ASIAHOLDINGS（香港）のManaging Directorに就任。海外法人設立・口座開設・進出支援・PBサービスを展開。

CONTACT

東京都港区虎ノ門2-7-10　虎ノ門ニューファッションビル２階
http://emzgroup.com/

自分の適性、やりたいことは、
多様な経験を重ねるうちに見えてくる

資産形成アドバイザリーを主軸に、幅広いサービスを提供

「人材採用において、資格の有無は問わない」とする会計事務所がある。公認会計士・税理士・相続診断士の資格を持つ佐久間将司が代表を務めるEMZ株式会社だ。

佐久間は起業に至るまで、大手監査法人、会計事務所、外資系証券、上場企業の執行役員…と、多様かつ華々しいキャリアを歩んできた。自身はそれを「血迷った経歴」と評するが、幅広い仕事を手がけたことで、自身の特性と本当にやりたいことに気付けたという。

「天才経営者には感性で生きている人が多いけれど、僕は経験則。場数を踏むことで、自分の生き方を見つけることができたんです。これから入社してくる人にも、経験を積むことで自分の道を発見してほしい。資格がなくても、責任感と当事者意識を持ってお客さまとかかわり、自分から経験を獲得していくことに意欲的な人を歓迎します」

EMZは、会計事務所として他とは一線を画す。佐久間が「お金に関することなら何でも頼れる組織を作りたい」と立ち上げ、会計、税務、財務のアドバイザリーサービスのほか、労務・人事関連や登記のサービスまで幅広くカバーしている。

社名の意は「Energize Management Zeal」＝「経営陣の熱意を活性化する」。経営陣が事業運営によりいっそう専念できる環境を整えるため、財務・税務などの面から支えたいという想いを込めた。

幅広いサービスを揃える中でも、特に強みとしているのが、資産家への資産形成アドバイスだ。代々続く老舗企業の経営者、開業医、財を成した若手ＩＴベンチャーの社長などに対し、公私にわたってお金に関する悩みを解決する。

例えば、毎月経営会議に出席して会社の現状を知り、現社長の悩み、先代社長の想いなどに耳を傾ける。それらを受け止めた上で、事業継続・発展のために最適な方法を考え、相続や節税対策、資産形成の提案を行い、実行していくのだ。

また、資産は「持っている人」と「動かせる人」が異なる場合もある。双方の間に立ち、調整役を務めることもある。

経営者には、独特の仕事観・スタンス・悩みといったものがある。金融・会計の知識やスキルだけでは、経営者の立場になって考え、理解するのはなかなか難しい。その点、佐久間は事業会社に勤務した経験があり、経営者のそばで働いてきた。経営者がどんな視点でものごとを考え、感じているのかを体感できたことが、今の資産形成アドバイザリーの仕事に大きく役立っている。

2012年には、香港に子会社を立ち上げた。中小企業が海外に進出する際に直面する障壁を取り払い、事業化をサポートするためだ。資金力と人員に限りのある中小企業にとって、言語も法律も商慣習も異なる国・地域でビジネスを始めるのは、容易なことではない。そのため、事務所やビジネスパートナー探しといった役割も担い、サポートしている。

「悩んでいる人に対して、話を聞いたり、提案したりすること自体は、そんなに難しいことではありません。提案を実行に移し、ハンズオンで一緒に作り上げて、喜んでいただけることが難しい。だからこそ、やりがいを感じます」

4回の転職で、それぞれに異なる文化・業務を体験

人に寄り添うことを信条としている佐久間だが、若い頃は好き嫌いが激しく、あまのじゃくでわがままだったという。流行りものについて調べはするものの、自分なりの見解を

持つだけで、乗ることなく終える。学校でも、集団行動は苦手だった。

高校に入ると、自分より優秀な人がたくさんいた。大学受験では第一志望への合格が叶わなかった。そんな挫折を機に、30歳までにやり遂げたいことを3つ掲げた。「資格を取ること」「ビジネススクールを卒業すること」「外資系金融機関に入ること」だ。

「今思うと、安っぽいですよね(笑)。外見ばかりを気にして、中身がない。コンプレックスを払拭するために、ステイタスで武装する発想だった」と、当時を振り返る。

白黒はっきりしていてわかりやすいものが好きだったことから、「数字」を扱う会計の道に進んだ。

就職を考える頃になると、わがままゆえに和を重んじる日本社会には溶け込めないのでは…と心配した母親から「大きい組織で、人と協調して働くことを経験しなさい」と言われた。そんなものかな、と意見を受け入れ、大手監査法人であるトーマツに入った。

しかし、予想通り、やはり大手の組織にはなじめなかった。決められたルールに従うことや、守るべきことを拒否したわけではない。ただ、「みんなと同じことをしていたら、独自性や特殊性がなくなってしまうのでは」という焦りが常にあったという。

起業に至るまで、佐久間は4回転職を繰り返している。1回目は会計事務所に転職。2、3回目の転職先は、目標の一つだった外資系金融機関だった。HSBC証券投資銀行部門、その後、JPモルガン証券投資銀行本部へ。ハードな環境の中、限られた時間で最大限の情報収集をして提案する力、単発の案件にもひとつずつ丁寧に向き合う姿勢が身に付いた。

また、日本と欧米の金融文化の違いを肌身に感じる中で、「人生、お金じゃない」という自身の価値観に気付く。「死ぬまでやっていきたい仕事ではない」という結論を出し、4回目の転職をした。

「僕は、この人についていきたい、この人のために仕事をしたいと思える人を探す傾向にあります。2社目の東京共同会計事務所の内山代表、5社目のフィールズ株式会社の山本社長がそうでした。懐が深く、『俺が全部面倒みるから、やってみろよ』という気概のある方々です。当時の僕は生意気だったので、人からよく説教されたものですが、内山さんは僕の話をじっくり聞き、受け止めてくれました。山本さんは、『俺と一緒にいたら、いいことあるぜ』という感じがしました。この人たちと一緒に働いたら、得られるものが多いと直感しましたね。実際、自分にないものばかりを持っておられ、勉強の毎日でした」

「将来、自分もこんな風になりたい」と思える上司と共に仕事をする中で、好き嫌いやステイタス武装といった価値観は消え去った。代わりに、顧客に寄り添うスタンス、「必ずやり遂げる」という気持ちが強くなっていった。

それと同時に、起業への想いも芽生えてきた。元来のあまのじゃくな性格が頭をもたげてきたのだ。サラリーマンとして、人よりも高い給料、執行役員という高い地位を得ているが、それに甘えている自分が嫌だった。

そんなとき、山本社長から「お前、失うものあるのか？ 俺はないけど」という言葉を投げかけられた。しばらく考え込み、「考えるくらいだから、自分にも失うものはないんだな」と腹を決めた。

「業務をこなす人員」ではなく、「理念に共感してくれる仲間」の採用へ

起業にあたり、「特殊なビジネスモデルの構築は自分にはできない」「それを支援する立場にまわる方が成果を上げやすいだろう」と考えた。とはいえ、「コンサル」は違う。頭だけ使うよりも、地べたをはいつくばって実務をする方が自分に向いていると考えた。

さまざまな仕事を経てきたから、ライバルとの差別化はできる。でも、自分のキャラで

売る組織は作りたくない。メンバー全員が知識と経験を持ち、お客様に価値を提供できる組織にしたい。メンバーには自分から経験をつかみに行ってほしい。そう考えている。

最初から組織を大きくしようと思っていたわけではない。売上を立てるため、資金繰りのため、どんな仕事でも受けた。仕事量に対し、人手が足りなくなったら即戦力を採用する、ということを繰り返してきた。しかし、2年ほど前、採用方針を大きく変えた。

「資産を抱え、どうしたらいいか悩んでいる経営者をサポートすると決めたのだから、その考えに共感してくれる人を採用しよう、そういう仲間を育てていこう、と考えたんです。チームプレイができる人、資格や金融知識がなくても、『お客さまの期待に応えるんだ』という強い気持ちを持った人と一緒に働きたいですね」

実際、無資格で入社したメンバーもいる。2〜3年で知識を身に付け、着実に成長を遂げている。

EMZでは年齢や経験の有無にかかわらず、最初から当事者として、お客様と接点を持って仕事ができる。佐久間自身、若い頃、上司の懐の深さに支えられ、チームで力を合わせて取り組んだことで成長できたと感じている。若くても、重い責任を持って仕事していい。困ったら、足りない部分を仲間が助けるのは当たり前――そんな文化を大切にしている。

「僕はさまざまな経歴を重ねることで、自分のやりたいことや適性に気付き、今の生き方を見つけました。これから一緒に働く仲間にも、ぜひそうあってほしい。でも、私のように時間をかけるのではなく、短い時間で達成してほしいんです。自分は何がやりたくて、どこに適性があるのか。見つかったら、うちの会社で実現してもいいし、転職したって、独立したって構わないと思っています」

インタビュアーの目線

若かりし頃の自分を気難しくてわがままだったと振り返る佐久間さんですが、取材中に終始こぼれる笑顔からは、人懐っこさすら感じられます。海外と日本との文化の違いに揉まれ、心から敬愛する二人の経営者に鍛えられるうちに、本来持ち合わせていた素性が開花したのでしょう。今度はご自身が若手メンバーの力を開花させる番。その視線は既に一歩先のステージを見据えていました。

Earth Technology株式会社

代表取締役

能代 達也

Tatsuya Noshiro

北海道中標津出身。北海道理容美容専門学校卒業。2005年、都内有名高級ヘアサロングループ入社。2007年、幹部及び店舗責任者に昇進。2014年、ヘアサロングループ退社、Earth Technology株式会社代表取締役に就任し、現在に至る。

CONTACT

東京都豊島区東池袋3-7-9　AS ONE東池袋ビル6F
http://www.tech-earth.co.jp/

英語力×ITスキルを備えた「希少な人材」として、「常識を変える」挑戦を

「英語×IT」の強みを活かし、世界をつなげる

あらゆる業種においてビジネスのグローバル展開が進む中、英語力は必須になりつつある。今では、英語が話せるというだけではさほど珍しくないが、加えてITスキルがある人材となると、その数は一気に少なくなる。

「英語力があるITエンジニア」は、非常に希少価値が高い人材なのだ。

そんな「英語力があるITエンジニア」を多数抱えているのが、Earth Technology株式会社だ。同社は、海外展開する企業のシステム構築やソフト開発、ネットワークの設計・構築、ヘルプデスク、翻訳など、英語力を駆使したサービスを提供している。顧客は大手企業を中心とし、業種はIT、製造、金融、製薬など多岐にわたる。カバーするエリアも、シンガポール、東南アジアの新興国、インド、アメリカ、ヨーロッパなど幅広い。

「『英語力を活かしたい』という人を、一からITエンジニアに育てています。実際、メンバーの90％が文系出身。そして半分が女性です。今後、市場拡大が進むクラウド、ビッ

グデータ、セキュリティ、AI（人工知能）といった新しい技術の研修にも力を入れ、社員のキャリア構築を支援しています」

そう話すのは代表取締役の能代達也。同社では、社員のスキルアップを促すため、1～3年ごとに新たなプロジェクトにアサイン。幅広い知識やスキルを身に付けると共に、個別のキャリアパスを描けるようにしているという。

成果に対する評価、報酬への反映も迅速だ。入社わずか4ヵ月で、大手金融プロジェクトにおいて現場リーダーとして活躍したメンバーに対しては、年1回の給与見直しのタイミングで月5万円昇給させた。

オフィスを見渡すと、社内イベントの写真が多く飾られている。その楽しそうな表情からは社員同士の仲の良さも窺える。

「顧客先に単独で常駐勤務すると、ときに孤独を感じるものです。そのため、社員同士のコミュニケーションの機会として、社内イベントは積極的に行っています。オンラインの社内掲示板でも先輩や同期とつながれるので、困ったことや悩みなどを相談している社員も多いですよ」

主役は社員。社長は陰から支える存在

実は能代はIT業界で働いた経験はない。英語も話せない。そうした分野は得意な人に任せ、自身は営業活動および社員が働きやすい環境づくりに力を入れる。

幼い頃の能代は、本を読んだりゲームをしたり、一人で完結する遊びが好きだったという。リーダーシップを発揮して、自分のやりたいことの実現のために周りを巻き込むような、いわゆる「社長っぽい」タイプではない。

「昔から〝自分の意志〟というものはなかったし、今でもそう。お金にもそれほど興味がない。ただ、困っている人を助けるのは好きでしたね。勉強が得意だったので、学生時代は追試になったクラスメイトを集めて教えたりしていました。『助かった』って言ってもらえると、よかったなぁって思えるんです」

Ｅａｒｔｈ Ｔｅｃｈｎｏｌｏｇｙも、自身が主導して立ち上げたわけではない。同郷の友人が困っていたから、「自分が役に立つなら」と、参画した。27歳のときだった。一

緒にやらないかと声をかけられた翌日、当時働いていた理容室に退職願を出した。そう、能代の前職は理容師だ。ITベンチャーの社長という現在の肩書からは、想像がつかない。

高校時代、「手に職をつけたい」と考えた。3年間花屋でアルバイトをして貯めたお金で入学できるところを探したら、理美容の専門学校に行き当たったという。学生時代も、バーでアルバイトをしながら学費を稼ぎ、理容師免許を取得した。

高級理容室に勤めて3年で店長となり、コンテストの審査員なども務めた。政財界で名が通っているような顧客も抱え、仕事は順調だった。

そんな中、8年ぶりに会った友人から、まったく畑違いの仕事で、いきなり「社長を任せたい」と声をかけられたのだった。

「英語×ITというコンセプトを聞いて、最初は『何をしたらいいんだろう』と思いました。英語もITも苦手で。営業ならできるかもしれない、と思って企業訪問を始めたのですが、最初は受付でコートを脱ぐという常識すら知らなかった。でも、固定概念を持たないという意味では、良かったのかもしれません。社長としての僕の仕事は、英語とITを使いたい人をどう活かすか考えること。営業して社員が力を発揮できる場を作ったり、責任を取ったり、頭を下げたり、事業に必要なお金を調達すること。『主役』である社員を支えていくことだと思っています」

理容師時代は、とにかく厳しく、部下を叱りつけることもしばしばだったとか。だが、そのやり方では成長しないことに気付いた。今は、相手と同じ目線で、複雑なことをわかりやすく話すことを心がけている。また、社員との距離の取り方にも心を配る。

「社員と常日頃一緒にいるわけではないので、距離が離れやすい。だから、社員130人分の報告書には毎月目を通し、なるべく時間が許す限り全員にメールします。返信はあまり来ないですけどね(笑)。一方通行でも続けていきますよ。『見られている』ということで気持ちが引き締まるでしょうし、同時に『ちゃんと見てくれている』という安心感を持ってもらえればいいですね」

自分のペースで、自分らしいキャリアを積んでいけばいい

Earth Technologyでは、企画を提出して通れば、新規ビジネスを立ち上げることも可能だ。25歳の若さで教育事業を提案し、自ら事業部長として活躍した人も

いた。そのプロジェクトは成果が挙がらず、1年ほどで打ち切りとなってしまったが、失敗を経てもそれを活かす次のチャンスが同社にはある。そのメンバーは大手顧客のプロジェクトに移り、大きな実績を挙げたという。

とはいえ、能代は誰にでも果敢なチャレンジを求めているわけではない。一人ひとりが自分のペースで、自分らしいキャリアを歩んでいってほしい、と言う。

社員が悩んでいれば、能代はとにかくポジティブなメッセージを送り続ける。

「やる気がある人ほど、突然ポッキリと折れてしまうこともある。長く続けるためのモチベーションコントロールを自分でできるよう、導いてあげたいですね。人と比べてどうするんだ、自分のペースで成長すればいいよ、と。一方で、どんどん任されたいタイプの人には、『足りない、甘い』と、どんどん上を目指せるように後押しします」

「困っている人には手を差し伸べる」という能代のスタンスは、昔も今も変わっていないようだ。

「今の若い人たちは、将来に希望を持てず、社会的不安感が強い世代だと感じています。

だから、私たちが安心して働ける環境を提供する。『この会社にいれば大丈夫』という安心感の中で、思う存分に力を発揮し、成長できるチャンスを提供したいと思います」

今ある常識を変え、世界に影響力を及ぼしたい

能代には、社長として将来社員にしてあげたいことが二つあるという。一つめは、ITのメッカであるアメリカ西海岸に支社を作ることだ。

「今、それぞれが担当するプロジェクトで『こういうものがあったらいいのに』と感じていることがあるはず。それらを集めて、新しいサービスを社員の手で作ってほしいですね。ベテランだと、不便なことがあっても『こういうものだ』と思い込んでしまうもの。若手だからこそ、未経験だからこそ、常識にとらわれず、新しい価値を生み出せると期待しています。バイリンガルエンジニアとしてIT業界のオピニオンリーダーとなり、常識を変えてほしい。それをシリコンバレーに行って伝え『ジャパンスタンダードはすごい』と言わしめてほしい。当社が理念として掲げる『人々の常識を変え、日本を変え、世界を変えていく』を実践してもらいたいと考えています」

もう一つのビジョンは2020年に上場を果たすことだ。

実は能代自身は上場にあまり興味がない。無借金経営のため、メリットを感じていないからだ。しかし、社員からは「うちは上場するんですか？」と聞かれる。上場することで社員が誇らしい気持ちになれるのならと、上場を目指すことを決めた。

「うちの社員は、みんな本当に優秀なんです。『どうしたらそんな人材が採れるの？』と他社の人から聞かれるほど。彼らが気持ちよく働き、さらに成長していくことが、会社の成長にもつながる。これからも僕は、土台をしっかり固めていくことに力を尽くします」

インタビュアーの目線

「社員みんなリア充なんですよ。付き合おうとすると僕もそっちに寄せていかないといけないので、しんどいです」と笑う能代社長。飄々としているようで、社員に対する想いを語るときには、言葉にぐっと力が宿ります。社員の力を信じ、尊重していることが、お話の端々から感じ取れました。先頭に立って引っ張るというより、縁の下の力持ちという立場に自分を置いているからこそ、社員は伸び伸びと働けるのではないでしょうか。

ネットビジョンシステムズ株式会社

代表取締役社長

中塚 敏明

Toshiaki Nakatsuka

大学院卒業後、2000年、東日本電信電話株式会社（NTT東日本）入社。法人営業部門にて大手サービス業のPBX、LANネットワークを中心に提案・設計・構築プロジェクトを手がける。2008年からフリーランスとなり、ネットワーク監視運用プロジェクトに従事。ネットワークエンジニアとして提案・設計・構築・監視運用と全工程に関わる。「ビジョナリーカンパニーを作りたい」との思いのもと、2011年2月にネットビジョンシステムズ株式会社を設立。2016年にネットワークエンジニア養成スクール、ネットビジョンアカデミーを開校。若い世代のエンジニア育成に取り組んでいる。
ネットビジョンアカデミー：https://www.netvisionacademy.jp/

CONTACT

東京都中野区中央4-26-13 KIYOOKA PLACE 1F
https://www.netvisionsystems.biz/

通信インフラを守るエンジニアは、社会の「黒子」として欠かせない存在価値を持つ

通信インフラ＝社会のインフラ、重要な使命感を帯び、人の幸せに貢献する

「一生ものの技術が身に付く会社、社員一人ひとりの成長を願ってそれを具現化しようとしている会社である」

ネットビジョンシステムズ株式会社代表取締役社長・中塚敏明はそう自負する。

ネットビジョンシステムズは、通信インフラ設備に特化し、企業のネットワーク設計、構築、運用、保守を提供するネットワークインテグレータ。未経験者をエンジニアとして育成し、さらに管理者へステップアップできる教育体制を整えている。

中塚は「ネットワークエンジニアは社会の黒子として欠かせない存在」と言う。

スマホを使ってSNSに投稿したり、コンビニATMで銀行口座から引出や振込をする、――世間で当たり前に利用されているサービスの基盤となっているのが「通信インフラ」。それは電気、ガス、水道などと同様、今や生活や企業活動に不可欠なものだ。

「銀行のオンラインにしても空港の受付にしても、順調に動いているときはそれが当たり

前で、何も感じないですよね。でも、ひとたびルーターやサーバといった通信機器にトラブルが起きれば、営業や運航が数時間もストップするような大変な事態に陥る。非常に責任が重く、社会的使命を負った仕事です。一般の人には知られていなくても、社会への貢献は大きいと自負しています」

同社は設立わずか6年ながら、顧客には金融機関、通信キャリア、システムインテグレータなど大手企業が名を連ねる。同社の実力がいかに厚い信頼を獲得しているかが窺える。

中塚は東京で青果業を営む家庭で育った。大学では電気電子工学を学び、大学院へ進学。卒業後、NTT東日本に入社した。

優秀な先輩や同僚から刺激を受けながらの新入社員研修。その中で、中塚は少しずつ異端ぶりを発揮することになる。例えば、会社の商材を使って企画を立て、顧客に販売するという研修があった。ほとんどの新入社員が、当時主流だったISDN回線やOA機器の販売の企画を立てる中、中塚は「せっかくなら何かおもしろいことがやりたい」と、当時最先端の商品であるテレビ電話の販売プランを練った。

当時はISDN回線で通信速度が遅く、画像がスムーズに動かない。周囲から「こんなの絶対に売れないよ」と言われたことで、逆に「絶対に売ってやる」と奮起した。

実際、まったく売れなかったが、中塚の挑戦は社内で広く知られ、助けてくれる人も現れた。上司が顧客を紹介してくれ、テレビ電話を1セット販売することができたのだ。

「東京在住のお客様が『大阪にいる孫の姿を見たいから』と設置してくださったんです。開通の場に立ち会い、テレビ電話でお客様がお孫さんとうれしそうに話している姿を見て、すごく感動しました。やっぱり通信インフラってすごい、人々の幸せに貢献できるものなんだ、と実感したんです」

そのとき、人と人とを「つなげる」仕事がしたいと心から思った。この想いが後に、「世の中の『つなげる』を支えたい」というネットビジョンシステムズのスローガンとなる。

「時代を超える企業を作りたい」。安定を捨てて独立・起業

NTT東日本でネットワークエンジニアとして働き、6年が経った頃、中塚は退職する決意をした。会社にはまったく不満はなかったが、独立起業への想いが募っていたのだ。

これといって売りたい商材はなく、ビジネスモデルも決めておらず、ただ「会社を作りたい」という志のみ。それだけで日本を代表する企業の社員という恵まれた地位を捨てようとしているのだから、当然、周囲からは思いとどまるよう説得された。それでも、「今、辞めなければいけない」と思った。

その決意の背景には、大学院卒業前に見舞われた、思いがけない家族の不幸があった。当時20歳の大学生だった弟が、サッカーの練習中に突然亡くなったのだ。中塚の人生の中で最もつらい出来事。しばらくの間、放心状態で過ごす日々が続いたという。

「人生にはこういうことがあるんだ、時間は限られているんだな、と知った。亡くなった弟とは、学生時代、『いつか一緒に会社やろうな』と話していたこともあるんです。だからこそ、一度はチャレンジしたいという想いもあった。それだったら今やるしかない、人生は一度きりだから、と思いました」

読書好きの中塚は普段から多くの本を読むが、愛読書の1冊であるジム・コリンズの『ビジョナリー・カンパニー』という本も、彼の決意を後押しした。ビジョナリー・カンパニーとは「時代を超えて生存する企業」のこと。未来志向の企業、先見的な企業を指す。

「本の中で、『究極の作品は会社である』といったことが述べられていました。どんな商品を作るかより、どんな会社を作るか。そしてその会社を最高傑作にすることが重要。自分も時代を超える会社作りがしたいという想いが強くなっていったんです。会社は、作った自分が亡くなっても永続していく。それは、人でいうと〝不老不死〟みたいな感じなのかな。身内の死に直面しただけに、このことが魅力的に感じた。遺伝子がずっと未来の世代まで続いていくようなイメージができて、これができたらすごいな、と思いました」

「会社を作る」を目標に据えた中塚は、まずフリーランスのネットワークエンジニアとして活動をスタートした。NTT勤務時代は、マルチベンダー環境でお客様が求める通信インフラの設計・構築を管理するマネジメント業務が中心だったが、「現場」を経験しておく必要があると考えたからだ。

営業に際し、「NTT出身」は強力な武器となった。信頼を得て順調に仕事を獲得し、2011年、ネットビジョンシステムズを設立する。

スターティングメンバーは、中塚、高校時代の同級生、高校のハンドボール部の後輩で早稲田卒の3人。同級生は、中塚から「いつか一緒に起業を」と声をかけられてから業界のことを調べ、将来性を認識し、「いつか」のために大手住宅メーカーを退職。ゼロからエンジニアの勉強を始めたのだという。

経験豊富なプロを集めたわけではなく、気心の知れた身内同士での出発。それでも案件を次々と獲得し、スマートフォンの普及に伴う通信インフラ構築のニーズも取り込んで急成長を遂げた。設立から6年を経た今、同社は50名規模までに拡大している。

大手レベルの教育体制を整え、社員のキャリアアップを支援

中塚は人材の採用・教育にも力を入れている。未経験者を採用し、エンジニアとして育てているのだ。中塚は、それを自社のミッションの一つだととらえている。「優れたエンジニアを増やすことで、人材不足のこの業界に恩返ししたい」と言う。

同社には、コンビニ店員、スマホの販売員、エステティシャンなど、異業種からの転職者が多数入社している。採用にあたって過去の経験は不問。会社の理念である『和をもって成長となす』に共感できること、人の話を〝聴く〟姿勢、向上心などを重視している。

『和をもって成長となす』――つまり、社員同士がつながり、情報共有し、切磋琢磨しながら成長するということ。エンジニアを決して孤独にしない、仲間とつながれる環境で成

長してほしい、という中塚の想いが込められた言葉だ。

未経験から入ってきた社員たちは、会社のバックアップにより、ネットワークエンジニアの有力資格であるシスコシステムズの認定資格CCNAを取得。さらに上級資格のCCNP、CCIEへとステップアップしていく。

また、エンジニアとしてだけでなく、「管理者」として長く活躍していけるように、マネジメントのスキルも磨ける教育体制を整えている。20代で管理職への抜擢や、任意で人材開発やリスク管理なども兼務させ、管理部門の経験を積ませることもある。

中塚は大手企業で7年間勤務し、しっかりとした教育を受けることができた。たとえ小規模の会社であっても、大手と同レベルの教育が受けられる環境を社員たちに提供したいと考えている。

「成長できる環境は整えている。自ら積極的に学び、毎日少しでも成長し続けたいと考える人に、ぜひ仲間に加わってほしいですね」

2020年の東京オリンピックに向けて、ビルの新築・改築に伴うLAN構築が増加する。また、モノ同士がインターネットでつながる「ＩｏＴ」の進展、次世代通信規格「５Ｇ」の普及、インターネット犯罪の拡大を防ぐネットワークセキュリティなど、ネットワークの増強・高度化のニーズはこれからも拡大していく。ネットワークエンジニアの価値が高まる環境の中、社員がよりよいキャリアを積めるよう支援していくという。

ネットビジョンシステムズという社名には、『ビジョナリー・カンパニー――時代を超えた未来志向の、先見的な企業』を目標にしたい、という思いが込められている。社会の根底を支えるという使命の遂行と同時に、そこで働く社員が将来に希望を持ちながら成長できる会社。中塚は「創りたい」と思った会社の姿へと、着実に歩みを進めている。

インタビュアーの目線

どこまでも柔らかな口調でネットワークエンジニアを「社会の黒子」と語り、パフォーマンスめいた派手さや力みを一切感じさせない所作に、名立たる大手企業から寄せられる信頼も道理と頷けます。メンバー各々がクライアント先に常駐する仕事ながら一体感があるのも、人とのご縁を大切にする中塚さんの心配りがあればこそ。遠い空の向こうで弟さんもきっと喜んでいることでしょう。

株式会社サービシンク

代表取締役／テクニカルディレクター

名村　晋治

Shinji Namura

兵庫県神戸市出身。1996年から個人事業主として4人のユニットでWebサイトの制作業に関わる。
複数のWeb制作会社で経験を積んだ後、2010年に株式会社サービシンクを立ち上げ、不動産業界に特化したサイト制作のアートディレクション〜HTML実装設計〜システム設計のすべてに携わる。著書に『Webブランディングの入門教科書』(マイナビ)『変革期のウェブ』(マイナビ、共著)。

CONTACT

東京都新宿区新宿1-10-3 太田紙興新宿ビル6F
http://servithink.co.jp/

考え抜く姿勢・習慣を身に付けることで、
本質的な価値を見極める力が養われる

イエスマンにはならない。「本当に価値や意義があるか」を考え抜く

Ｗｅｂ業界は技術や表現手法の進化のスピードが速い上に競合も激しい。さらに今後は、クリエイターもＡＩ（人工知能）に仕事を奪われる時代がやってくる。そうした環境下では、自分に存在価値を持てなければ、居場所を失うことになるだろう。そんな時代に身に付けるべきは「考え抜く力」だと、株式会社サービシンク代表取締役・名村晋治は言う。

サービシンクが手がけるのは、不動産デベロッパー、不動産ポータル、賃貸・売買仲介など、不動産業界を中心としたＷｅｂサイト制作、システム開発など。野村不動産、アットホームをはじめとする大手クライアントも獲得している。信頼を得ている理由は、名村のキャリア、そして制作に臨むスタンスだ。名村はＷｅｂ制作に21年、うち17年にわたって不動産サイトの制作に携わり、不動産業界の仕組みや事情に精通している。そして、言われたものをそのまま作るのではなく、「それは本当に意義があるのか」「顧客にとって、あるいはユーザーにとって価値があるのか」を考え抜くスタンスを貫いているのだ。

「仕事のオファーをくださったお客様にも、遠慮なく言います。『僕と付き合うと面倒く

さいですよ』と(笑)。先方が練りに練ったつもりのプランでも、『それはやめておいた方がいい』『利用者のメリットにならない』というものもある。もちろん、こちらから策を提案しますが、相手にも熟考を求めますから。その結果、価値や効果につながらないと思えば、どんなに報酬が高額でも引き受けません」

それで去って行った顧客もあるが、そんな名村に信頼を寄せる企業とは密な関係を築くことができている。クライアントとの定例会では、「こんなこと考えているんだけど、どうにかなりそう?」などと、ざっくりとした課題や相談を持ち掛けられることも多い。「こういうもの作りたい。あとはよろしく!」と1時間ばかりの説明を受けて、そのまま7000万円の受注につながったこともある。

「長いお付き合いのクライアントさんからは漠然とした投げられ方をすることもありますが、『サービシンクなら何とかしてくれる』という信頼の表れだとわかるので、素直にうれしいですね。当社は、単なるWeb制作会社ではなく、コンサルタント、シンクタンクのような役割を果たしていると自負しています」

人生の「重い決断」「感動体験」に関われるのがおもしろい

「人の言いなりにならない」という名村の性質は、幼い頃からその片鱗を覗かせていたようだ。人に合わせて同じことをする必要はないと思っていた名村は、皆がチームを組んで野球を楽しむそばで、1人実況中継をしていた。部活は、卓球や陸上など個人プレーの競技を選んだ。毎日「やめてやる」と思うほどつらかったが、やめずに続けたことで自分の成長を実感できたという。

大学入学後、アニメや映画が好きだったことから「声優」の道を目指そうと考え、大学2年から養成所に通い始める。その一方で、大学の友人たちに誘われて呉服店のホームページ制作を引き受けることになった。

折しも、世の中はインターネット黎明期。ホームページを制作する企業が現れ始め、紹介に次ぐ紹介で依頼が増加したことから、法人化することが決まった。じゃんけんで代表に選出された名村は、自らの苗字をとって社名を「ネイムビレッジ」と命名。予期せぬ偶然から、今に続くWeb制作の道を歩み始めた。

大学卒業後、ネイムビレッジは解散したが、クライアントは数社残った。名村はWeb

制作と声優という二足のわらじを履いて社会に出る。声優として映画の吹き替えなどの仕事をしたが、「30歳になっても声優だけで生活できていなければやめる」という父との約束を守り、Ｗｅｂ一本に絞ることを決意。不動産サイトの制作を行うＷｅｂ制作会社で働き始め、計2社でＷｅｂの企画・制作スキルを磨くとともに不動産業界の知識を身に付けた。

２０１０年、独立してサービシンクを創業。それまでの10年間で培った不動産サイト制作の知識を活かそうと考えた。

「不動産業界には、昔ながらの悪しき習慣ともいえるグレーゾーンがあるんです。例えば、すでに契約が決まっている人気物件を広告に載せ、問い合わせしてきた人に別の物件を紹介するなど、情報を操作してだますような手法をとる業者もいます。そういうグレーな部分をどうにかしたかったんです」

そんな課題意識がある一方で、不動産情報を扱う仕事には大きなやりがいと喜びがあると、名村は言う。

「10万円のモノを買うのと、家賃10万円の部屋を契約するのでは、決断の重みが違うと思うんです。数千万、1億という住宅の購入ならなおさら。それに、家の住み替えの背景には、人生の一大イベントがあります。進学、就職、結婚、子どもの誕生……そんなワクワク感を伴う住み替え体験に関われるのが、この仕事のおもしろいところですね。住まいは、生活の基盤であり、嗜好品であり、趣味でもある。人生において大きなウェイトを占める部分に携われることにやりがいを感じているんです」

場所や立場が人を育てる。社員が責任感を持って考える風土へ転換

サービシンクの社名は、「Service」と「Think」を掛け合わせた造語であり、「クライアントのために本当に価値あるサービスとは何かを徹底的に考え抜いて提案する」という同社の方針に由来する。

企業理念は、「アイデアをサービスに、サービスをユーザーに、ユーザーをハッピーに」。最初は「アイデアをサービスに、サービスをユーザーに」だけだったが、サービスは作っても、ユーザーをだましているに等しい仕掛けは作りたくないという思いから、最後の一文を追加した。

クライアントとエンドユーザー、双方の利益を考えて提案する姿勢と、施策を実現させる技術力・デザイン力が評価され、会社は順調に成長した。

ところが起業から5年が経ち、社員数18名規模に拡大した2015年、名村は「このままでは会社が潰れる」という危機感に襲われる。

売上が落ちていたわけではない。自分と社員たちの間に「ズレ」が生じていて、それが社内の空気を悪くしていることに気付いたのだ。

打開策を求めて、組織作りに関するビジネス書を読みあさり、先輩経営者に会いに行って相談した。そして、組織コンサルタントの導入も考え、10社以上を比較検討。そのうちの1社の理論・考え方に惹かれ、そのコンサル会社と契約して組織改革に取り組んだ。

「それまでの私は、社員のモチベーションを高めることばかり考えていました。働きやすい環境にしようと、お茶やお菓子を用意したり、残業を強制しなかったり、社員旅行に連れて行ったり。でも、それが、『気の向くままに仕事をしていてもいいんだ』という勘違いを生み出し、たるんだ空気を蔓延させてしまっていたんです」

まず行ったのは、「社内ルール」を設けること。それは、挨拶の仕方や掃除など「やればできる」簡単なものだ。社員から反発されるかと思ったが、意外にも受け入れられた。こうして最初の殻を破り、ルールを明確化することで秩序を守る組織へと変革していった。

さらには、トップから明確なミッションや指示を与える。スケジュール通りに進まないことによって生じる『コスト』を意識させる。評価の対象となるのは『過程』ではなく『結果』であることを伝える——そうした取り組みによって、メンバーが責任を自覚するようになり、結果、大きな成長を遂げているという。

名村は今、「自分でなければできない」と考えていた仕事を、社員たちにどんどん任せている。名村の姿勢を見てきた社員たちは、顧客の要望をうのみにせず、自分の頭で考えて本当に価値あるものを提供しようとしている。

「場所や立場が人を育てるんだな…と、今の社員たちを見ていて思います。手取り足取り教えれば優秀な人材が育つわけではない。会社から『こう成長してほしい』と言っても意味がない。ただ、『あなたが何をすれば、会社は評価するか』という明確な指標だけを提示します。それをもとに、自分がどう成長したいか、どんなキャリアを歩んでいきたいかをとことん自分で考えてほしい。そして『自分はこう成長したい』という答えが出たら、それを実現できるような経験のチャンスを会社から提供します」

今後、同社は2020年を目途に50人体制を目指す。組織を拡大することによって会社に余裕を持たせ、顧客のためにより良いものを徹底して追求していくためだ。新たな収益の柱となる自社サービスを生み出すべく、アイデアを出しあうサークルを社内に新設し、「サービシンク総研」として活動も開始した。手を挙げたメンバーたちには「失敗しても構わないから、どんどん実験していい」と伝えている。

「最終的には、業界のグレーゾーンをすべてなくすことが目標。不動産業界そのものを変えていける会社を目指します」

インタビュアーの目線

意志が強そうな面構えに、顧客に対しても遠慮なく物申すというエピソード。頑固で厳しいキャラクターかと思いきや、お話を伺うほどに、人に対する愛情深さ、心配りの細やかさが感じ取れました。ふと見せる笑顔の柔らかさに、名村社長のそうした本質が表れているように思います。これからも、顧客やエンドユーザー、社員に対し「いかにその人のためになるか」を追求し続けていかれることでしょう。

デジタルデータソリューション株式会社

代表取締役社長

熊谷　聖司

Masashi Kumagai

1976年生まれ。専門学校を卒業後、設計事務所勤務を経てIT通信系企業に転職。入社1ヵ月目でトップセールスを記録する。2000年、同僚が立ち上げたデジタルデータソリューション株式会社に参画し、2003年、役員に就任。2004年にデータ復旧事業（ブランド名：デジタルデータリカバリー）の立ち上げを行う。近隣アジア諸国やヨーロッパ・北米のデータ復旧企業や、研究者と共に技術開発に取り組み、過去5ヵ国へ計10回以上赴き、デジタルデータリカバリーの技術向上に注力した。
2014年9月にデジタルデータソリューション株式会社代表取締役社長に就任。

CONTACT

東京都中央区銀座7-13-12　サクセス銀座7ビル 6F
https://digitaldata-solution.co.jp/

「世界ナンバーワンシェア」を目標に デジタルデータの知識と技術を磨き上げる

国内トップの「データ復旧」事業を主力に、新規事業を次々と展開

デジタルデータソリューション株式会社は、常に新規ビジネスの可能性を探っている会社だ。時間をかけて事業計画を練るというより、「なんかいけそうじゃん。やってみようよ」といったように、朝に発案されたものがその夜には動き出すという。

「当社の方針として『やって失敗する』のはＯＫなんです。失敗を恐れてやらないのはＮＧ。やって失敗して怒られたり評価が下がったりした人は１人もいません。自分のアイデアを持ってどんどん挑戦していきたい人には、おもしろい環境だと思います」

代表取締役社長の熊谷聖司は、自社の風土をそう語る。

デジタルデータソリューションは、その名の通り、デジタルデータに関連するあらゆる課題の解決に取り組む会社だ。

これまで同社の成長をけん引してきた事業柱は「データ復旧」。パソコン、サーバ、携帯電話、スマートフォンなど、何らかの原因でデータを失った機器からデータを取り戻すサービスだ。これまで手がけたデータ復旧は約13万件。データ復旧率は96・2％。この実

績は世界でもトップクラスであり、データ復旧サービスにおいて同社は10年連続国内ナンバーワンシェア(※東京商工リサーチ調べ)を誇る。

依頼内容は幅広い。法人顧客からは、「財務情報」「顧客情報」「研究記録」など、業務や事業運営に欠かせないデータの修復を依頼される。個人顧客からは「写真」「映像」「メール」など、大切な思い出や記録を取り戻すための依頼が多い。

データとは、その所有者にとって財産だ。それを守る役割を果たす同社には、日々感謝のメールや手紙が寄せられるという。「どうやっても、どこに行っても復旧できなかったのに、本当に助かった」は毎日のようにかけられる言葉。法人であれば、億~数十億単位のプロジェクトのデータを復旧させるなど、「会社が救われた」と喜ばれることも多い。国家機密に関わるデータの復旧を成功させた際には「日本が救われた」という賛辞も受けた。

「当社は売上アップを目的にするというより、『困った人たちを助けることをしよう』という想いで集まっている集団なんです。人の役に立てているという実感を常に味わえるのはうれしいことです」

国内トップの地位を確立しているデータ復旧事業だが、「それは当社のサービスの一部に過ぎない」と熊谷は言う。実際、「デジタルデータにまつわる問題を解決する」を軸に、新たなサービスを立ち上げている。

中でも成長を見込んでいるのが「データフォレンジック」。これは不正が行われたデータの調査・解析サービスであり、犯罪捜査や法的紛争などにおいて法的な証拠性を明らかにする目的で利用される。法人では不正会計や雇用・労務、個人では離婚訴訟など、さまざまなトラブルの解決に貢献する。今後、マーケットの拡大が期待できる分野だ。

このほか、ＡＩを搭載した自動バックアップシステムの提供、月額数百円の利用料でデータ復旧し放題の「ワランティサービス」など、幅広いサービス展開を加速させている。

多大な負債を抱えた会社を引き受け、1年で再建を果たす

学生時代は野球に熱中していたという熊谷。「社会の役に立つ仕事がしたい」と土木の専門学校に進み、設計事務所に就職した。しかし、世の中にはＩＴ企業が台頭。同年代社長が活躍する姿をテレビで目にして憧れを抱き、24歳のときにＩＴ・通信会社に転職する。電話回線の営業として働き始めると、入社1ヵ月目でトップの業績を挙げた。

「僕は子どもの頃からビビりなんです。周囲からは自信家に見えると言われますが、実は臆病で神経質。でも、それが営業活動では功を奏したんです。自分からガンガン話すことはできないけれど、常に相手の様子を観察するから、心の動きが読み取れる。相手の気持ちをつかんで提案できるというわけです。今も、人と接するときは『何を求めているのかな』と思いながら対話していますね」

営業として好スタートを切ったが、3ヵ月目で会社が倒産。その会社のトップセールス10数名が集まって新会社を立ち上げ、熊谷も参画した。今の会社の前身となる会社である。入社直後は、会社に愛着があったわけではない。数ヵ月稼いで辞めればいい、後はどこででも生きていける、という考えだった。

しかし、会社が成長し、同時に自分も成長していくにつれ、「経営」に対して「こんなにおもしろいものはない」と感じるようになる。次の展開が楽しみで、経営ノウハウや課題解決法を身に付けるため、ビジネス書も読みあさった。こうして熊谷は、事業部長から専務取締役へと一気に駆け上がった。

その過程で、熊谷が主導して始めたのがデータ復旧事業だった。自社のデータが消えるトラブルがあり、業者に依頼すると「できない」と言われた。そこにビジネスチャンスを見出し、データ復旧サービスに乗り出したのだ。当初はアメリカやロシアから最新技術を取り入れ、さらに自社独自の技術を研鑽していった。

熊谷が手がけるデータ復旧事業は順調に業績を伸ばした。ところが、別の幹部が手がけたさまざまな事業がことごとく失敗し、16億の負債を抱えてしまう。

「16年続いた会社を潰すわけにいかない」と覚悟を決めた熊谷は、前社長と役員からすべての株式を買い取り、代表取締役に就任。民事再生によって負債を1億6000万まで減らし、わずか1年で完済した。

「倒産寸前から再建に取り組んだ1年間は、毎日地獄の日々でした…と、表向きは言ってるんですが、実は不安はまったくなかったんです。絶対にできると思っていたから。ビビりのくせに、そういうところは大胆なんですよね(笑)。ただ自信には根拠がありました。計算はちゃんとできていたんです。数字はきっちり見るほうなので」

「理念」を持った人材を育成し、世界ナンバーワンを目指す

そして、この時期、熊谷が見つめていたのは数字だけではなく「人」だった。数字を作るのも会社の雰囲気を作るのも「人」。「会社は人がすべてだ」と実感した。

スキルを高め、成果を挙げたとしても、「企業理念」「経営理念」を守らないメンバーがいれば会社はいずれ滅びると、熊谷は考えている。マーケティングより、戦略より、理念を社内に浸透させることが最優先課題なのだという。

そこで熊谷は1年を費やして経営理念手帳「ＤＤＳ ＷＡＹ」を作成し、社員に配布した。手帳は１００ページ以上にも及ぶが、根幹の理念とは「変化する社会環境に応じ、お客様の問題解決に役立つサービスの提供を通して社会の発展に貢献する」「私たちと関わりのあるすべての人たちに常に誠実に接し続ける」というものだ。

標語を掲げ、手帳を配るだけではない。熊谷は数人ずつ社員を集め、書かれている理念について「つまりはどういうことか」を丁寧に解説する。「変化する社会環境」というが、「では、実際にどんな環境変化が起きているか」の具体例を挙げるといったようにだ。自身の想いを一方的に伝えるだけでなく、メンバーの考えも聞いて議論を行う。

こうして理念の共有に力を入れた結果、離職率も大きく低下したという。

もちろん、理念を実現するための知識、技術の向上も同時に進める。技術部門では、月1回ペースで世界トップクラスの技術者を招いて講義を開催している。

「まずは自分の中に理念を持ち、その実現に向けてスキルを習得し、失敗を恐れず挑戦する。その実践を促すことで、メンバーを成長させ、会社も成長させていきます」

これから迎えるメンバーは、総合職として入社し、研修後、適性に応じてさまざまな部署に配属される。その後もジョブローテーションによりキャリアチェンジが可能だ。実際、文系出身の社員が最初は営業を担当したものの成果が出せず、技術部門に異動して今はトップクラスのエンジニアとして活躍している例がある。一方、エンジニアからキャリアをスタートし、今では次世代技術を活用した事業のプロデューサーを務める者もいる。

事業やサービスの開発だけでなく、個々のメンバーのキャリア形成においても「チャレンジ」を推奨される環境といえるだろう。

デジタルデータソリューションでは、今、数々の新規事業が立ち上がっている。それらはすべて海外に持っていく方針。今、掲げるビジョンは「世界ナンバーワンのデジタルデータソリューションカンパニー」になることだ。

まずはアジアを中心に展開し、その後ヨーロッパ、北米に進出するか、あるいは最初から北米市場を狙うか——2年後を目途として戦略を練っている。

「10年後には世界トップシェア、売上高1000億円を目指して計画を実行していきます。国内で多くのお客様に喜ばれてきたように、世界でさらに多くのお客様を助けられる存在になりたいですね」

インタビュアーの目線

自身を「弱虫で臆病」と認めつつも、幅広い経営理論と数値分析力を武器にして大胆なチャレンジをする一面も持ち合わせている。デジタルデータの技術を磨き上げる一方で、一人ひとりと膝を付き合わせて「言葉」を交わす時間を大切にする——その資質と行動の多面性こそが、成長をけん引しているカギなのではないかと感じました。

司法書士法人イストワール

代表司法書士

高橋 健太郎

Kentaro Takahashi

1982年12月生まれ、千葉県出身。大学卒業後、不動産会社に2年勤務。2010年、27歳で司法書士試験合格。2011年9月、津田沼駅前に司法書士事務所イストワール開設。2012年6月、司法書士法人イストワールに組織変更。現在、関東・北陸を中心に全12店舗を開設。

CONTACT

千葉県船橋市前原西2-14-2 津田沼駅前安田ビル7階
https://office-histoire.jp/

「チャレンジ&イノベーション」で、司法書士業界に新たな価値を生み出す

20代前半にして挫折。自己改革を図り、司法書士資格を目指す

大学卒業後に入社した不動産会社を2年で退職。その後、別の不動産会社に転職するが、わずか2週間で退職――当時を振り返り、「自分が情けなくて落ち込んでいた」という高橋健太郎。現在は、100名以上のスタッフと12の拠点を構える司法書士法人の代表である。

20代前半の短期間で2社の退職歴ができ、「こんな経歴ではまともな会社は雇ってくれない」と悩んだ高橋は、2年間、司法書士の勉強に集中し、資格取得直後の2011年に独立。司法書士法人イストワールを立ち上げ、わずか5年で司法書士法人のトップクラスにまで成長を遂げた。

「Challenge and Innovation（チャレンジ&イノベーション）」を理念に掲げ、常に世の中に新しい価値を提供し続けることにこだわる高橋。今後も事業の拡大を図るにあたり、総合職の採用に力を入れている。業務は、広告・人事・顧客対応・行政対応・経理など幅広い。司法書士資格を持っておらず、取得を目指すつもりがない人も歓迎している。

「資格よりも重視しているのは向上心、そして『いいサービスを提供したい』という想いがあるかどうかです。僕自身、仕事を通じてその2つを持ってから、意識や行動が変わり、成長できたと実感していますから」

司法書士の主な仕事は、不動産登記や商業登記の代行、裁判書類の作成・提出など。最近は、借金や相続問題の相談・解決など、「身近な法律家」としての役割も担う。

高橋がその司法書士資格を目指したのは24歳の頃だった。以前から「30歳までに独立したい」と思っていたが、明確な目標は定まらないまま。2社目を辞めて無職になったとき、高校時代の友人が司法書士試験に合格したと聞き、自分も目指そうと考えた。

それまでは楽をして成功することを考え、うまくいかないと自分以外のせいにしていたという高橋。そんな自分を改革するためにも、チャレンジを決意したのだ。

司法書士は試験の合格率が3%台の難関資格。高橋は1日10時間、試験直前は13〜14時間勉強し、1年での合格を狙った。結果は、わずか1問分の得点が足りず不合格。翌年再度受験し、合格を果たした。

従来型の司法書士事務所経営の常識を打ち破り、攻めのアプローチ

司法書士は、試験合格後、司法書士事務所で何年か経験を積んだ後に独立する人が多い。しかし高橋は、受験前に友人の事務所で3ヵ月勤務し、簡易訴訟代理等認定能力考査に合格と同時に独立に踏み切った。

起業後は、「過払い金請求」「債務整理」の案件を主に手がけた。「過払い金」とは、簡単にいうと「借金の返済時に、貸金業者などに払い過ぎたお金」のこと。貸金業法の改正を機に、2006年以降、貸金業者からお金を借りていた人が払い過ぎた利息を取り戻すための「過払い金請求」が激増したのだ。高橋が司法書士に合格した2011年、司法書士会では「過払い金請求の仕事はもうない」と言われていたが、実情は異なっていた。

司法書士の多くは『相談者が来るのを待つ』というスタンス。しかし、自分から顧客開拓に動けば、眠っているニーズを発掘できることに気付いた。実際、高橋が独立前に手伝っていた友人の事務所では、チラシ広告を散布しており、相談電話が鳴りやむことはなかった。「自分が独立したら、この手法を真似していいか」と聞くと、友人は快諾し、集客ノウハウも教えてくれた。

こうして潜在的なニーズを掘り起こすべく、高橋の事務所はテレビ、ラジオ、チラシの媒体を駆使し、積極的な広告戦略で顧客へのアプローチを仕掛けた。本当に司法書士のサービスを必要としている人に、その存在を知ってもらうことが先決と考えたのだ。

相談するにあたっての不安を解消するために、チラシの文言1つにも工夫も凝らす。ラジオCMでは、司法書士自らが名乗って語りかける。業界の過去のやり方や慣習にはとらわれず、独自の戦略で「司法書士の存在価値」をアピールした。

「司法書士に対して持たれる『信頼できる』というイメージ。これは先輩方が過去から築き上げてきたものであり、この資格の強みです。それを守り、活かしつつ、今の時代に必要とされるサービスを形作ることが大切だと考えています」

より多くの人にサービスを届けたいと考え、店舗数も拡大し続けた。司法書士事務所がないエリアに狙いを定めて拠点展開し、地域密着のサービス体制を築いた。新潟の事務所で請けた過払い金請求の案件は1000件以上に上る。過払い金請求には期限が設けられているため、「自分たちがサービス提供しなかったら、相談先がなく手遅れになってしまったケースもあったと思う」と、高橋は地域に展開した手応えを感じている。

「過払い金請求」のニーズはしばらく続くと見込まれるが、いずれは縮小に向かう。

高橋が次の柱と考えているサービスは、住宅ローン返済に困っている人の支援だ。

住宅ローン返済に行き詰まった人の多くは、銀行か不動産会社に相談する。しかし、銀行は自己破産を勧めることはしないし、不動産会社は家の売却を促すだろう。いずれも「相談者目線で、相談者の利益を最優先する」ことはまず考えられない。しかし、司法書士であれば、相談者にとって最適な対策を提供できる。イストワールでは「個人再生(借金を圧縮する方法)」を利用し、「マイホームを残す」ことを第一に考えるのだという。

家を売却しなければならないという結論に至った場合でも、イストワールはグループに不動産会社を持つため、家の売却から自己破産までをワンストップで行える。借金の相談をあちこちの窓口で何度も話したくない顧客の心理的負担も減らすことができる。この役目を担うことが「あるべき姿」と考える。

こうした顧客目線のサービスを行うがゆえに、高橋のもとには日々、感謝の手紙が届く。住宅ローンが払えなくなり、不動産売却と自己破産手続きを支援した依頼者からは、後日3枚綴りの手紙が届いた。

「今まで毎日下を向いて生きていた。借金がなくなり、モノクロだった景色が色付いた。

子どもと公園に遊びに行くだけの日常がとても楽しい。心から感謝している」

――そんなメッセージを受け取り、心からこの仕事をしていてよかったと感じた。

「もともとは高い志を持ってこの世界に入ったわけではありませんでした。お客様のことを考えて仕事をする意識はありましたが、若い頃は自分のことが一番。『自由にやりたい』『稼ぎたい』という願望を実現する手段ととらえていたんです。でも、お客様たちと接する経験が、自分を成長させてくれた。未熟だった自分がこうして社会の役に立てていることを、今、本当にうれしく思うんです」

去年やったことは、今年はしない。次の新たな道を探り続けていく

高橋がこれから力を入れようと考えているのは「相続」に関連するサービス。「民事信託」による相続問題の回避にも取り組む方針だ。民事信託とは、信託銀行などが行う商事信託とは異なり、主に家族間で財産管理、移転、処分などを行うもの。高齢者の財産管理や相続トラブル回避の手段として注目されている。

また、司法書士の本来業務である「遺言書作成」「遺言の執行」「相続登記」などにとど

まらず、遺品整理サービス、遺された人へメッセージを届ける「遺言サプライズ」などのサービスも検討中だ。高齢化に伴って高まるニーズに応えるために、これまでにない新しい価値を生み出し、提供したいと考えている。

だからこそ、高橋が今、求める人材として挙げるのは、事務所の理念に共感し、共にサービスや組織を作り上げていきたいと思ってくれる人。新たなビジネスで課題が見えたとき、できない理由や問題を挙げるのではなく、できる方法を常に考えられる人だ。人々が求めているものをつかんで新たなアイデアを出し、実現する方法や、必要としている人に届ける方法を考える。そこに当事者意識とチャレンジ精神をもって取り組んでくれる人に参加してもらい、いずれはリーダーやマネージャーとして活躍してほしいという。

また、世の中に新たな価値を広げていくには、スピード感も必要。課題に直面するたびに、昨日言ったことが明日は変わるということもある。そのスピード感があったからイストワールは100名規模にまで育つことができたといえる。スピード感をもって行動できる人と一緒に働きたいと、高橋は願っている。

「自分としては、去年経験してきたことは、今年はやりたくないと思うんです。知らない世界を知りたいし、常に新たな経験がほしい。幸い100人以上の組織に育ったので、新しい事業やサービスを立ち上げたら、メンバーに任せて自分は次の道を切り拓いていきたい。もちろん、メンバーからも新規事業のアイデアが出てきたなら、その実現をバックアップします」

イストワールの理念を受け継ぎ、同じ想いでサービスの開発・提供ができる人が増えれば、高橋の想いはさまざまな分野で実現し続けるに違いない。

インタビュアーの目線

士業の先生にありがちな評論家タイプとは対極をなす、顧客の声に耳を傾ける現場主義者であると同時に、大局観をもって先手を打つビジネスマンの顔も持つ高橋さん。普通ではあり得ない短期間で資格取得・独立、さらにはこれだけの事業成長を実現させてしまう高橋さんからすれば、士業の世界は時間が止まって見えるのでは…。常に変化を追い求める高橋さんのこれからが楽しみです。

株式会社インジェスター

代表取締役社長

呉 希昌

Hichang Oh

1965年、東京都生まれ。1987年大学卒業後、貿易商社、語学教育関連会社勤務を経て、Jリーグ・横浜Fマリノスにてプロの通訳として活躍。2002年2月株式会社インジェスター設立。現在に至る。趣味は、ランニング、登山など。

CONTACT

東京都千代田区五番町5-5KDX五番町ビル4F

http://www.injestar.co.jp/

訪日外国人の増加に東京オリンピック開催。通訳・翻訳者がキャリアを築くチャンス

10言語の翻訳・通訳サービスを提供。2020年には50言語へ

「ビジネスパーソンとして、人として成長できるのは、志を持ってコツコツと努力できる人」――株式会社インジェスター代表取締役社長・呉希昌（オ・ヒチャン）はそう考える。

呉自身の志とは、「国と国、人と人との架け橋になる」ということだ。

それを実現する手段として、インジェスターでは通訳・翻訳事業を手がけている。扱う言語は、英語、中国語、韓国語、スペイン語、フランス語、タイ語、インドネシア語、ベトナム語など約10言語。2020年には50言語にまで広げていきたいと考えている。

ビジネスのグローバル展開や訪日外国人の急増に伴い、ニーズは拡大中。2020年の東京オリンピックに向けて、その勢いは増すばかりだ。オリンピック開催は、大きなビジネスチャンスでもあり、多様な言語・文化的背景について、お互いに理解を深める絶好の機会でもある。語学に長けている人がバイリンガル人材として自身のキャリアの価値を高めていくにも、大きなチャンスだといえる。

インジェスターがカバーする領域は幅広い。翻訳部門では、映画・ドキュメンタリー・

ドラマなどの映像作品から、企業のＰＲ・ＩＲ、教育ビデオといったツールまで、字幕翻訳・吹き替え（音声）制作・映像編集などを行っている。このノウハウを活かし、聴覚障害者や高齢者向けのクローズドキャプションも手がける。会社案内、マニュアル、契約書、企画書、Ｗｅｂサイトなどのテキスト翻訳にも長けている。通訳部門においては、スポーツイベント、国際会議・展示会、商談などでの一般通訳のほか、化粧品やジュエリーなど、ブランド商品を扱う販売現場で外国語を用いて売上アップを促進する「通訳プロモーション」のサービスも提供している。

外国語を日本語にすることと、日本語を外国語にすることは、似て非なるものがあると、呉は言う。日本語を細かいニュアンスまで正確に表現するには、やはりネイティブの人でないと難しい。インジェスターは、ネイティブの外国人を採用して、自社でオペレーション、品質管理を行っている。受注したら海外の提携先に任せきり、という企業も多い中、ワンストップで高い品質を実現できるという意味で、国内に競合らしい競合は見当たらない。インドネシアのジャカルタと中国の大連に拠点を置き、日本の事業をサポートする体制も整えている。

日本のコンテンツの海外輸出、外国人客向けの販売促進を支援

最近増えているオファーは、「日本のコンテンツを海外に発信したい」というものだ。日本のアニメやドラマ、ドキュメンタリー、バラエティ番組などを現地の言葉に翻訳し、海外に輸出するのだ。インジェスターは、日本の国民的アニメ『ドラえもん』を、カンボジアのクメール語、モンゴル語に吹き替え制作した実績を持っている。

しかも、単なる吹き替え制作だけでなく、実際に放送する現地のテレビ局の開拓まで手がける。ここまでサポートできる企業も、やはり他には見られない。

「以前は、海外コンテンツを日本語に翻訳する仕事が中心でした。4～5年前から日本のコンテンツを海外に発信するにあたっての翻訳や吹き替え制作を手がけるようになり、ここ1～2年でぐんと増えましたね。日本の文化や魅力的なコンテンツを世界に発信していけることは、この上なくうれしく、やりがいがあります」

また、「通訳プロモーション」のニーズも増えている。

日本を訪れる外国人旅行者の数は、2016年に2400万人を突破した。政府は、

2020年には4000万人まで増やす目標を掲げている。

訪日外国人の旅行スタイルは変わりつつある。かつては、観光ガイドが団体旅行客を率いて観光地やお店をまわるスタイルが主流だった。中国人観光客による「爆買い」が話題になったのも記憶に新しい。しかし最近では、個人旅行客がスマホを片手に、自由に旅をするようになっている。

インジェスターは、言葉の壁に不自由を感じることのない旅をサポートするため、空港に拠点を置き、通訳を常駐させている。また、ジュエリーや化粧品など、ブランド商品を扱う店舗にスタッフを派遣し、外国語で商品説明をしてプロモーションを行うことで、売上に貢献している。今後もさまざまな商業施設・観光施設で通訳サポートを行うことで、外国人客にとっては快適に旅を楽しめる、施設にとっては売上が上がるという、両者にとっての利益を高めたいと考えている。

2020年の東京オリンピックでも、同社のノウハウが活かされそうだ。

呉は、もともとJリーグチーム専属の通訳として活躍していた。その後もWBCの日本代表をサポートするなど、VIP対応や審判団、コーチ陣と選手に対するケア、国際スポーツイベントにおけるノウハウに明るい。2019年のラグビーワールドカップや、

2020年の東京オリンピックを機に、よりいっそうの成長を目指している。

国籍も性別も関係ない。大切なのは「人となり」を見ること

呉は、在日韓国人として東京都台東区で生まれた。家族・親戚は韓国、住んでいる社会は日本という環境で育ち、国籍や民族の違いによる葛藤を、小学生の頃から抱えていた。

「『この国はこうだ』『この国の人はこういう人だ』と決めつけることに、幼い頃からとても抵抗がありました。コミュニケーションをとってみれば、国籍、民族、性別、年齢なんてものは関係なく、人それぞれだということがよくわかります。属性にとらわれず、個々人を見ていくべきだと思っています」

大学卒業直後は、ボランティアに近い形で、韓国語を話せない在日韓国人に言葉を教えることもした。その後、日本の貿易会社に勤務。社長秘書の仕事をしながら、通訳としてのキャリアをスタートしたのはこの時期だ。元官僚の会長の元で働き、官僚たちの考え方や社会の仕組みを学ぶ機会もたくさんあった。世の中はこうして動いているのか、と実感

すると共に、学歴や属性のようなコネクションがモノをいう世界を見て、「自分が進むべきはこの道じゃない」と考えた。

転機となったのは、1993年のJリーグ発足だった。自身もサッカー経験があった呉に、「サッカーを通じて日本と韓国をつなげられれば」という想いが芽生えた。

韓国はサッカーが強い国だが、当時はトップレベルの選手でも、年俸は日本の5分の1程度。そこで、エージェントと協力し、韓国の優秀な選手を日本に紹介するようになった。そんな中、「現場の通訳がいないからやってくれないか」とJリーグのとあるチームから声がかかったのだ。最初こそ勝手がわからずに苦労したものの、やがてチーム専属通訳として重宝されるようになった。

サッカーの国際大会となると、各国からVIPが訪れる。本来、VIPにはトップレベルの通訳がつくはずだが、英語以外の通訳のクオリティは低かった。「希少言語の通訳はまだまだ層が薄い」と肌で感じた呉は、通訳・翻訳会社の立ち上げを決意する。

社名の「インジェスター」は、韓国語で「人材」を意味する「インジェ」と、英語の「スター」を組み合わせた造語だ。「人材を輝かせてこそ会社の成長がある」という、呉と立ち上げに参加した仲間の想いが込められている。
企業理念にも明確に掲げているように、多様性を受け入れ、相互理解を深め、区別や不必要な線引きを行わないことが、インジェスターの原理原則だ。それこそが共に成長するために欠かせないスタンスであり、「外国人が日本社会で感じてきたであろうストレスを、この会社では感じさせない」という県の決意でもある。

「人生は一度きり。自分の人生の主人は、自分です。やりたいことを追求し、自分の頭で考えて動けるようになってほしいですね。社員の中には、『戸田奈津子さんのような字幕翻訳家になりたい』『オリンピック決勝のグラウンドで仕事をしていたい』という個別の目標を持っている者もいます。ですが、多くのメンバーに共通する想いは、『日本と世界の架け橋になりたい』ということ。同じ志を持つ者同士、高め合っていってほしいと思います」

オリンピックは一つの山だが、その先にも需要はあり続けると踏んでいる。ネットの進化により、今ではコンテンツの流通に国境はない。優れたコンテンツは、世界中に届くようになっている。Google、Apple、Facebookなどの大手企業も、言語サービスを強化している。インジェスターでも、今後、ＡＩ（人工知能）技術なども取り込み、多様なニーズに対応していく方針だ。それと同時に、財務基盤の強化にも力を入れる。

「東日本大震災の発生後、経済が冷え込んで、外国人観光客もぱったり来なくなった時期がありました。インバウンドマーケットは、社会情勢や国際関係の変化に影響を受けやすいといいえます。社員にはそんな不安を感じさせたくない。大きなアクシデントがあったとしても、社員の安定した生活を守れるよう、組織の地盤を固めていきます」

言葉の壁を取り払うだけにとどまらず、国を越えて理解を深め、尊重し合える真の国際化へ――インジェスターが担う役割は、ますます重要度を増していくだろう。

インタビュアーの目線

あらゆる企業が「ダイバーシティ」を謳ってはいるものの、中身は女性活用のみにとどまっていることも多い中、「本当の意味でのダイバーシティとは、こういうものだ」と感銘を受けました。呉社長は、投げかけられた問いを正面から受け止め、咀嚼しながら、自分の言葉を穏やかに紡いでいく方。ご自身の経験に根差した哲学は揺らぐことなく、この会社ならば「自分らしく」成長できそうだと感じました。

株式会社きすう

代表取締役社長

稲見 卓真

Takuma Inami

1978年、福岡県生まれ。千葉県浦安市育ち。1999年、アメリカ合衆国ウェストバージニア州へ短期留学。2006年、株式会社きすう創業。世界硬式空手道連盟少林寺流拳行館入門。2015年、株式会社アクロフロンティア 外部取締役就任。

小学校時代はサッカー、中学時代からバスケットボールと学生時代は球技を中心にスポーツをしていた。社会人になり、友人の誘いで空手教室を見学&体験稽古をする。空手の奥深さに夢中になり、一緒に行った友人は入門しないが、1人で入門を決意。

創業11年目となる今期、新たな活躍フィールドを展開中。

CONTACT

【本社】東京都墨田区業平1-15-5 5階
【開発ラボ】東京都新宿区高田馬場2-14-9 明芳ビル5階
http://www.kiss-u.biz/

「話せるＩＴエンジニア」として
多くの人の架け橋となる
唯一無二の存在になる

「話せる技術者」として、クライアントのニーズに応える

「35歳までは組織に所属して、生涯スキルと人脈を得た上で独立する――学生時代はそんなキャリアプランをぼんやりと描いていたんです。でも実際には28歳からフリーで活動を始めました。フリーランスという働き方が楽しくて、あと7年も待っていられなかった」

ＩＴコンサルティング、業務システム開発、アプリケーション開発、Ｗｅｂサイト制作、Ｗｅｂデザイン、オリジナルロゴデザインを中心に手がける株式会社きすうの代表取締役社長・稲見卓真。大学を卒業する頃まではＩＴにまったく興味がなかったというが、偶然のきっかけでＩＴ企業に就職。これまで、プログラマ→システムエンジニア→プロジェクトリーダー→プロジェクトマネジャー→ＩＴコンサルタントと、着実にキャリアアップを果たしてきた。

最近、業務拡大に向けて人材採用をスタート。これから入ってくる社員には「夢が叶うようなキャリアパスをサポートする」と言う。

稲見は、流通、航空、放送、金融といった幅広い業界のシステム開発プロジェクトを経

験し、知見を広げてきた。その強みは「話せる技術者」であること。そして「営業の視点」を持っていることだ。さまざまな業界の幅広い知見と持ち前の明るい性格を活かし、プロジェクトメンバーや取引先とは積極的にコミュニケーションを取っている。

「他業種の事例でも、効果につながるなら積極的に取り入れるよう提案しています。また、放送業界の人はノリがいい、金融業界の人は普段は堅めだけどお酒が入ると砕けてフランクになる…といったように、業界によって特徴があります。相手企業の文化や慣習を理解しつつ、その人その人に合わせたコミュニケーションを心がけています」

コミュニケーションを密にすることで、クライアントのニーズを引き出すことができ、的確な対応や提案ができる。方向性が誤っていた場合、いち早く気付いて軌道修正できる。そうしてクライアントやエンジニア仲間からの信頼を得ることで、稲見は自分のポジションを確立してきたのだ。

このようにＩＴエンジニアとしてのキャリアを積み重ねてきた稲見だが、もともとは文系。大学では経済学を専攻していた。しかも、コンピューターが必須科目だったにもかかわらず、まったく受講しないほど敬遠していたという。

「パソコン嫌い」からITエンジニアへ。28歳でフリーランスに

稲見は、大学4年のときに短期留学していた。当時、海外で就職するつもりだったが、諸事情により帰国。その頃には就職活動シーズン時期が過ぎており、なかなか内定が取れない。ハローワークに相談すると、就職支援プログラムとして用意されていた情報処理資格講座の受講を勧められた。それまでは避けてきた分野だったが、アドバイスを素直に受け入れ、ITを学び始める。

資格の勉強をする一方で、企業説明会にも参加。そこで、最初に入社するシステム開発会社の社長と出会うことになる。

「その頃、漠然と35歳くらいで独立したいと考えていたんです。そのため、社長の仕事ぶりを近くで見られて、経営のノウハウを学べるような規模の会社を探していました。今振り返ると、この偶然の出会いが現在の自分を形成する必然の出会いだったと思います」

そこから、ITエンジニアとしてのキャリアがスタートした。少人数の会社であったため、開発だけでなく、営業、人事、経理など幅広い業務に携わった。

次に自分に足りないものは「人脈」だと分析し、人脈作りのため、今より規模の大きい会社へ、しかも営業職としての転職を決意する。

転職先は、500名規模のシステムインテグレーター。念願だった営業職として働き始めた。ところが、いきなり自信を打ち砕かれることになる。

前職では「エンジニア」の立場で「営業」していたが、「営業職」としての「営業」は勝手が違うことに気付く。そのギャップに苦しみ、入社2ヵ月で退職した。

新しい就職先を探したが、「2ヵ月で退職」という経歴が足を引っ張った。転職が難航しているところ、知人から「エンジニアが足りないから手伝ってくれないか？」と声がかかり、フリーランスの立場で再び開発の仕事を始める。28歳のときだった。

「『35歳まではどこかの組織に属して人脈を築く』と決めていたので、就職活動をするかたわらお手伝いをする立場でならば…という条件付きでプロジェクトに参画しました。しかし実際に仕事をするうちに、フリーの楽しさを実感しました。会社員のときは、何かミスがあると上司や環境のせいにして愚痴ばかりもらしていました。でも、フリーだとすべてが自己責任。自然と愚痴も出なくなります。そんな適度な緊張感が、自分には心地よかったんです」

稲見の「起業心」が、音を立てて加速を始めた瞬間だった。

独立2年後には法人化し、放送業界や金融業界の大規模プロジェクトにも招かれるようになった。場数を踏むうちに、稲見は「自分だからこそできること」に気付いていく。

「数百人規模のプロジェクトに参加したとき、エンジニアとリーダー、マネジャーの連携がまったくとれていない状況を目にしたんです。そこで、自分がエンジニアとマネジャーの橋渡し役を務めるようになり、『これが自分の強みであり、求められていることだ』と実感するようになりました」

その後、携わったプロジェクトではリーダーやマネジャーを任されることが増え、最近のプロジェクトでは、ＩＴコンサルタントとして参画のオファーを受けた。こうして稲見は、「話せる技術者」として、さまざまな立場・職種の人々をつなぐ役割を担いつつ、着実に職域を広げてステップアップを果たしてきたのだ。

「周りの人たちに助けられて、ここまでやって来られました。これからも『一期一会』を大事にしていきたい」

10年目、次のステージへ展開。多様な働き方を発信したい

独立して10年。これまでは、クライアントからのニーズに120%応えることをミッションとして業務をこなしてきた。

次の10年は新たなステージとして、自社からサービスを発信し、クライアントのニーズを掘り起こしていく。そんなフィールドで活躍できる組織を育てていく方針だ。

「小さい企業だからこそ、大企業よりも融通が利かないとダメだと思うんです。フットワークは常に軽く、決済などの業務は大企業よりも断然早くないといけない。また働き方についても、個々としてチームとして、一番パフォーマンスが発揮できる働き方が重要だと

考えます。例えば、育児中の人には時短勤務、介護で実家に帰らなければいけなくなった人にはリモートワークの道を用意するなど、柔軟性のあるワークスタイルを創造できるはずです。いろいろな働き方を、自分たちのようなベンチャーから発信していきたいですね」

稲見は、自分自身が過酷な環境や挫折を経験してきたからこそ、一緒に働く社員には同じ思いをさせたくないと言う。とはいえ、ぬるま湯の環境をよしとするわけではない。目指すのは、一人ひとりが高いレベルで自立した、主体性のあるチームだ。

「私は社員に対して敬意を持って接しています。年齢や立場などは関係ない、1人の人間として同じ目線で意見が言い合える。そんなチーム作りを目指しています」

そして、「ON－OFF」のメリハリも重要。仕事だけをやっていると、どうしても行き詰まってしまう。「OFFのときはバカになるぐらい振り切って遊ぶべき」と考えている。稲見自身、仕事以外の別の顔を持つ。フリーになって間もない頃、運動不足を解消しようと空手を始めた。一つひとつの動きの奥深さに魅了され、稽古に励んできた。そして空手を始めて7年目、初めて世界大会に出場して「組手・形・団体戦」の3種目で優勝し、チャンピオンの座を勝ち取っている。

「自分のパフォーマンスが一番発揮できる働き方を、この会社で見つけてほしいですね。小さな会社だからこそ、経営を身近に感じることができ、営業や経理、人事といった多くの仕事に触れることができます。今後、ＡＩ（人工知能）の進化に伴い、ＩＴ業界の様相も変わっていくでしょう。そんな変化の中でも『生き抜く術』を伝えたいと思っています。いずれ、独立・転職という選択肢を選んでも構いません。独立するなら、これまで私が培ってきたものや先輩たちのノウハウから良いもの・自分に合ったものを選んで、自分流のスタイルを確立し、成功してほしいです。そして一緒にビジネスをしたいですね」

インタビュアーの目線

「空手の元世界チャンピオン！」という触れ込みから、どんなに厳つい武闘派なのか、戦々恐々とオフィスへ向かってみると、出迎えてくれたのはとってもシャイな優男ではないですか。エンジニアも空手家も遅咲きなのにこうしてモノにしているのは、小さな努力をコツコツと続けられる胆力のなす技なのでしょう。新たな組織づくりも、きっといつの日か大きな実を結ぶことと期待してやみません。

代表取締役

下野 浩規

Koki Shimono

1974年、名古屋市緑区生まれ。高校卒業後、イベント会社での照明担当、郵便局員などとして働いた後、老舗の園芸ショップで4年間修業。2000年に独立し、妻と一緒にフラワーショップ「PEU-CONNU」を開業。

CONTACT

愛知県名古屋市中区大須2-26-19
http://peu-connu.net/

企画提案力と臨機応変な対応力を備えれば
フラワービジネスを大きく成長させられる

ヨーロッパの街角にあるような「ふつうの花屋さん」からスタート

女の子の「将来就きたい仕事」として常に上位に入る「お花屋さん」。しかし、いつしかその道を「現実的ではない」ととらえ、一般企業に就職していく人が多いのが現実だ。

実際にフラワーの仕事に就いている人に聞くと、「朝が早いし、重労働」としつつ「好きなものに囲まれて働けるのが幸せ」「お客様が目を輝かせて喜ぶ顔を見るのがうれしい」といった声が聞こえてくる。

また、一口に「フラワーの仕事」といっても種類は幅広い。花の専門知識やデザインセンスに加え、マーケティング力、営業力、企画・提案力を活かすことでビジネスとして大きく伸ばしている人もいる。

名古屋でフラワービジネスを展開する株式会社プーコニュの代表取締役社長・下野浩規は、イベント会社の社員、郵便局員を経てフラワーの道に転身した。「花と緑のあるライフスタイルを提案する」をコンセプトに、フラワーショップおよびフラワー教室の運営、ウエディング会場やイベント会場の装飾、ショーウインドウや商業施設のディスプレイなど、幅広く手がけている。妻と2人で立ち上げたが、事業拡大とともにスタッフを採用。事務職から転職してきた女性もいる。

店名の「PEU　CONNU(プー・コニュ)」はフランス語で「穴場」を意味する。その店は、名古屋・大須観音のほど近く、地元の買い物客や国内外からの観光客で賑わう大須商店街から一歩足を踏み入れると、鬱蒼と茂った緑の中に佇んでいる。

蔦の絡まるアーチをくぐると、そこは緑あふれる小さな庭。アプローチから店舗までの小道はもちろん店内の隅々まで、季節の珍しい花々と植物、ヨーロッパの蚤の市を彷彿とさせるアンティーク雑貨などが溢れんばかりに置かれている。どこか遠く海外の街を旅しているかのような、幸せな錯覚を感じさせてくれる空間だ。

下野は「ヨーロッパの街角にあるような、ふつうの花屋さん」をつくりたかったと話す。

「海外では、花は生活の一部であり、花屋も特別な場所ではありません。ふらっと立ち寄って、ただ花を眺める。良いものがあれば買って帰って家に飾る。買うことを前提とせず、気負いなく通える花屋を目指しました。『日常生活に花を』。それが、プー・コニュのコンセプトです」

花を取り入れるライフスタイルを提案。ウエディングでは印象的な演出を

多くの日本人にとって、花屋とはイベントがあるときに足を運ぶところであり「買わないのにお店に入ると迷惑がられるのでは」などと気おくれしがちだ。

しかし、プー・コニュを訪れる人たちは自由気ままに花との時間を過ごす。気に入った花の前で写真を撮って帰る人もいれば、さながら宝探しのように自分好みの花や雑貨を探して2〜3時間ものあいだ滞在する人もいる。

フラワーアレンジメント教室も、花と人との距離を縮める重要な役割を果たしている。OLを中心に下は小学生から上は70代まで幅広い年代の生徒が通う教室は、キャンセル待ちが出るほどの盛況ぶり。中には14年にわたって通い続けている人もいるという。

レッスンで花と組み合わせるのは、ピクニックに持って行くランチを想定したフランスパンや、自宅によくある野菜、時計、キャンドルなど、「気取らない、ふつうのもの」であることが多い。フォークやナイフと花を組み合わせてリースをつくることもある。

「高価な花器を使った特別な日のためのアレンジではなく、手を伸ばせばすぐそこにある

ような材料を使って花の魅力を際立たせるカジュアルなアレンジをテーマにしています。重視しているのは、自宅ですぐに再現できること。アレンジを通して、普段の生活の中で花を楽しむ方法を広く知ってもらいたいと思っています」

ウエディング会場の装飾もプー・コニュが得意とする分野だ。お決まりの花は避けて珍しい花や植物を使ったり、遊び心を取り入れた装飾を行っている。

例えば、海を愛する新郎新婦であれば、入口にサーフボードを置いて貝殻・砂とともに水色の花や南国の花を飾る、農業に縁があると聞けばじゃがいもなどの野菜とクワ、カゴなどをテーブルにおいて土を盛る…といったように、その手法はバラエティに富む。

印象的な演出が好評を博し、今では4つの式場と契約を結ぶまでになった。

奇抜なアイデアだけでなく、品質にもこだわる。披露宴当日に生花が最高のコンディションとなるように管理。不安定な花材に関しては、本番では100本使う予定のところ、200本を仕入れておき、当日状態のいいものを選んで使うこともある。プロとしての徹底した姿勢が、顧客の信頼を獲得している。

身近な人の変化を通じて気付いた「花が持つ力」

生活の中に花があることの大切さに下野が気付いたのは、将来的な独立を視野に入れてさまざまな可能性を探り始めていた頃のことだ。

中学・高校でバンド活動に熱中し、東京で一旗揚げる夢を見るも、現実を知りイベント会社に就職。裏方として舞台の照明を務めたのちに郵便局員になった下野は、いずれは自分の店を持ちたいと漠然と考えていた。

雑貨も好きで、雑貨屋にも興味があったが、仕入れた品物をそのまま売るだけでは物足りない。自分の手でひと工夫を加えて売ることで、喜んでもらえるものはないか――。

そう思いを巡らせていたとき、自宅のインテリアとして育てていたシクラメンが目に留まった。シクラメンは、コツをつかむと半年でも花を咲かせ続けることができる。おもしろいなあ、と思ったその純粋な感情をきっかけに、園芸や花に対する興味を深めていった。

「そのころ付き合っていた彼女――今の妻なんですが、ハードワークに追われて毎日泣いていたんですよ。仕事がつらい、辞めたいというので、それなら辞めなさいと。辞めて、代わりに花屋に働きにいってもらいたいと頼んだんです（笑）」

のちに公私ともにかけがえのないパートナーとなる女性は、花屋で働き始めて、仕事に対する前向きな姿勢を取り戻した。

「楽しい楽しいと言いながら仕事に行くようになって。自宅に花を持ち帰って飾ってくれることもよくありましたね。本当に生き生きとして幸せそうだったので、花にはそういう癒しの効果があるのかな、と思いました。花屋って良い仕事だな、と」

妻の姿に背中を押されるように、下野は花屋として生きていくことを決める。当時の業界は、バブルの名残で忙しいのに給料が安く休みは少なく、正社員になれる可能性はごくわずかという過酷な環境。下野は老舗の花屋で「修行」とも言える厳しい毎日を送りつつ、業務の合間をぬうようにしてヨーロッパを中心とした海外の写真集を読み漁り、「自分の店」のイメージを膨らませていった。

それから4年後の2000年9月、開業。夫婦ふたりで開いた5坪の花屋は、16年の間に2度の移転を経て少しずつ理想の形に近づき、その規模を着実に拡大している。

さらに、下野の兄が立ち上げたガーデニング会社「GUSH」と提携したことにより、これまで依頼があっても人手不足で断らざるを得なかった「庭づくり」にも着手できるようになった。兄弟のコラボレーションで応募したガーデニングコンテストでは、大手を中心とした30社が居並ぶ中、見事に入賞を果たした。評判が広がり、東京からも引き合いがあるという。

「これからは、日常生活に花や緑を取り入れる提案だけでなく、花や緑に囲まれて暮らす環境づくりにもかかわっていくことができます。期待してくれている人たちがいて、それに応える仕事ができるというのは、これ以上ない喜びですよね。これからの自分たちの可能性に、今とてもワクワクしています」

事業の拡大にあたり、下野はプー・コニュのコンセプトに共感する仲間を迎え入れたいと考えている。

プー・コニュで働くスタッフは、まず季節ごとの花の種類やそれぞれの特性・扱い方についての知識を学ぶ。そして、花束やアレンジメントといった個人向けのフラワーデザインはもちろんのこと、ブライダルやイベントの会場、ショップや商業施設の装飾のノウハウも身に付けることができる。

顧客のコンセプトや希望のイメージを汲み取ってデザインする力はもちろん、装飾現場に応じた臨機応変な対応力も重要だ。

「照明の強さ、風通し、気温の変化など、現場の状況によって選ぶべき花材が異なります。美しい状態を長く保てることを前提に、顧客のイメージを実現すること、さらには顧客のイメージを超えたクオリティを提供することで信頼を獲得することができるんです。その力を身に付ければ、独立して活躍することもできるでしょう」

インタビュアーの目線

人なつこい笑顔が印象的で、一緒にいるとほっとさせてくれる「癒し系」の下野社長。しかし、店づくりや装花の話題になると一瞬眼光が鋭くなる場面もあり、強いプロフェッショナリズムを感じました。ご自身の技術と想いを受け継ぎ、着実に育っているスタッフたちにも期待を寄せているとのこと。今後も斬新なアイデアで楽しませてくれるでしょう。

株式会社AMS

代表取締役社長

村井眞一

Shinichi Murai

神奈川県横須賀市生まれ。日本大学経済学部卒業。1978年、株式会社鈴屋に入社。1983年、増田宗昭、伊藤康史と共に「蔦屋書店」を創業。1985年、カルチュア・コンビニエンス・クラブ株式会社を共同設立。1988年、日本AV情報ネットワーク株式会社(SI会社)代表取締役に就任。1998年、株式会社ディレク・ティービー・ジャパン取締役就任。1999年、株式会社カルチュアパブリッシャーズ代表取締役に就任。2000年、ニューコ・ワン株式会社代表取締役に就任。2008年、株式会社ISホールディングスを共同設立。2012年、株式会社AMS代表取締役(現任)に就任。

CONTACT

東京都目黒区目黒1-24-12　オリックス目黒ビル6F
https://www.amsinc.co.jp/

ECの知識と技術をさらに進化させて
ファッション業界の変革に挑む

老舗大手から最旬の人気ブランドまで、ＥＣ事業を支援

昨今、ビジネスシーンでは、よく「ＰＤＣＡサイクル」にもとづいた行動が推奨される。Plan（計画）→Do（実行）→Check（確認）→Action（行動）というステップを踏むことで、事業を円滑に推進できるという考え方だ。

ところが、ＴＳＵＴＡＹＡ創業者でもある株式会社ＡＭＳ代表取締役社長・村井眞一は、「これには重要な要素が欠けている」と指摘する。

「気配り→気付き→調査・分析→仮説→モデル化→最適化。このプロセスを繰り返すことで、人も組織も成長できると考えています。ＡＭＳのメンバーは、このサイクルを実践することでプロジェクト推進力を身に付けています」

ＡＭＳはファッション業界に対し、ＥＣ（Ｅコマース＝電子商取引）にまつわる幅広いサービス、さらにはＥＣとリアルを融合させる取り組みを行っている会社だ。

『earth music&ecology（アース　ミュージック＆エコロジー）』『WEGO（ウィゴー）』といった新興の人気ブランドから、大手の老舗ブランド、アパレル事業を手がける最大手商社

など、幅広い企業のパートナーとしてEC運営を支援。運営中の事業者数は約40社、350以上のブランドに上る。パートナー事業者に円滑で効率的な各種システム・サービスを提供するだけにとどまらず、各ブランドの価値向上の役割をも担っている。

事業の柱の一つは「ECフルフィルメントサービス」。EC・物流・バックオフィスなど各種システムの構築と内外部の連携開発、ECサイト制作・運営管理、ささげ（撮影・採寸・原稿作成）、在庫管理、マーケティング分析など、ECを運営するために必要なシステムとサービス（人）をトータルに提供している。

村井が特筆して着目するのは「在庫のムラ」を解消することだ。各社がEC事業で困っていることを紐解くと、多くの場合は在庫管理の問題に行き着く。売り切れて商品補充が追い付かない店舗がある一方、在庫過多の店舗もある。店舗に商品が残っているのに、ECサイトでは売り切れ表示が出てしまうこともある。商品をユーザーに届ける機会を逸し、シーズン終了時に大量に在庫が残ってしまった、という事態は小売業ではありがちだ。

大手企業では大規模基幹システムを備え、会計・財務・人事・販売管理・在庫管理・売上分析・顧客分析などの機能を統合しているケースが多い。これらはリアルタイムで動くというより、「結果を知る」ための内部システムといえる。「そうした仕組みに縛られていたら、売り場など、本社の外で今起きていることをつかむことができない」と村井は言う。

ECや店頭POS（販売時点情報管理）のデータは刻一刻と変化しています。これをリアルタイムで把握し、在庫移動や商品補充などの対策を即座に打てるようにすれば、在庫回転率を高めることができる。お客様側の『ほしいのに買えなかった』も防ぐことができる。それが、私たちが提供するソリューションです」

また、村井が憂うのは、多くのアパレル企業がトレンドに乗じて低価格商品を大量生産し、大量の在庫を生んでいるという現状だ。日本で生産される衣服類は年間約28億枚。15年ほど前に比べて約16億枚増えているが、単価は30％下落。その結果はと言えば、生産された商品のうち48％しか売れていない。在庫過剰となり倒産に追い込まれる企業もある。

「カジュアルであっても、クオリティが高い服を皆が選んで着るようになるべきと、個人的には思います。クオリティが高い服は、やはり人をカッコよく見せる。メーカーはムダなものを作り過ぎなくていい。実際、私たちのお客様の中には、型数・色数をしぼってハイクオリティな商品を提供することで成功している企業も複数あります。3店舗とECサイトで年間数十億円売り上げる企業もあるんです。そうした企業の取り組みを支えていければうれしいですね」

オンラインとオフラインを多面的に融合&活性化

もう一つの事業の軸であり、近年ニーズが急速に高まっているのが「オムニチャネルソリューションサービス」だ。オムニチャネルとは、Webサイト、ECサイト、各種SNSといったスマホやPCなどでつながる「オンライン」と、実店舗を中心とした「オフライン」による直接のアプローチ&コミュニケーションを多面的に連鎖活性化させ、相乗効果を生み出す仕組みのことを指す。

例えば、ECサイトで会員登録済みのユーザーが実店舗で買い物をした後、ブランド側が会員リストから自動的にお礼としてクーポンをプレゼント(メール)する。オン&オフラインでの購入履歴・サイトでの閲覧履歴をもとに、過去の購入アイテムに関連するアイテムや興味を持ちそうなアイテムをメールでタイムリーに紹介する。あるいは、実店舗スタッフが自身のコーディネート画像を商品紹介ページに掲載し、ユーザーが「お気に入り」登録すると、その商品の値下げ時に自動的にメールが届く――こうしてさまざまな形でオンラインとオフラインを連携させ、多面的にユーザーにアプローチすることで、ブランド全体の売上アップと顧客の満足度向上につなげることができる。

「小売業者とユーザー双方の機会損失を防ぎ、互いの利益創出を実現・追求していきたいと思います」

「ダイアログ」で結ばれるフラットな環境が、社員を成長させる

村井がアパレルの世界に足を踏み入れたのは40年近く前にさかのぼる。１９７９年、当時、日本のファッション界をリードする存在だった株式会社鈴屋に入社。１年目は販売員、２年目以降４年間はバイヤーとして、ファッションビジネスの経験を積んだ。

しかし、仕事に物足りなさを感じていた村井は、自身で１５００枚近くのレコードを持っていたことから、「レンタルレコード店をやろう」と思い立つ。そして１９８３年、２人の仲間とともに「蔦屋書店」を創業し、85年、カルチュア・コンビニエンス・クラブ株式会社を設立。「ＴＳＵＴＡＹＡ」の運営システムの責任者を務めた。

28歳にして経営者としての道を歩み始めた村井。そのよりどころとなったのは、ビジネス書だった。もともと書籍には馴染みがあった。村井の父は部屋の床が抜けそうなほど大量の蔵書を持つ読書家だったのだ。「人間は本でできている。人間は読んだ本によって体

質や考え方が変わる」という父の言葉が今も耳に残る。

村井は、マネジメントはピーター・ドラッカー、経営戦略はマイケル・ポーター、細かな戦術はランチェスターといったように、さまざまな本から知識と知恵を得て実践していった。中でも、自身のビジネススタンスを大きく変えたのが、ピーター・センゲ著の『学習する組織』だった。

その本との出会いは、カルチュア・コンビニエンス・クラブ設立から10年を経た頃。それまでの村井は、部下に対し「俺の言うことを聞いていればいい」という態度で向き合い、大声で怒鳴りつけることもあった。社員からは「独裁者」という目で見られていたという。

そんな村井にとって、『学習する組織』の内容は衝撃的だった。「メンバーがビジョンを共有し、自発的に考える組織こそが、状況の変化に対応し、新たな価値を生み出していける」――トップダウン型の組織は、正しいと思い込んでやっていることが生産性を下げていることもあるのだと気付いた。以来、「ダイアログ（対話）」によって、メンバーの間に価値・基準を浸透させ、相互に理解できるまで話し合うようになった。

「強い権力を持つトップが君臨する鋭角的な三角形の組織では、トップと現場メンバーの間に物理的・精神的な距離がひらいてしまう。それよりも、なだらかな三角形の組織にして、個々の社員、チームがセルフマネジメントできる状態にするのがいい。自分の判断で仕事を進められれば、喜びと楽しみを感じることができる」

その後、村井はTSUTAYA RECORDS設立、衛星放送の株式会社ディレク・ティービー・ジャパン専務、大手流通チェーンの事業再生、売り上げ規模180億円、従業員1000人規模の会社などの代表取締役を経て、AMSの代表取締役に就任。各社ならびにAMSにおいても「ダイアログ」による価値・基準の共有を重視している。

トップと現場の距離が近く、フラットな環境であることは一目瞭然だ。社員たちは村井を「社長」ではなく「村井さん」と呼び、「ワインが飲みたいです！　一緒に行きましょう」「ランチに連れていってください。ウナギがいいです！」と遠慮なく声をかけてくる。

とはいえ、フラットな組織にするだけでは足りない。個々の成長のために、仕事のプロセスにおいては、「気配り→気付き→調査・分析→仮説→モデル化→最適化」のステップを踏むように促している。相手の状況や立場を想像する、現場を観察して課題を見つける、データにもとづいて課題分析する、仮説を立てて実践する、個別の状況に応じてカスタマイズする。これらを繰り返すことで成長につながると、村井は考えている。

個々の成長力と組織力を高め、次に目指すのは「ネクストコマース」という概念だ。AI(人工知能)、あらゆるモノがインターネットとつながる「IoT」など、最新技術の中には小売業に取り入れられるものが多い。例えば、足を3Dスキャンすることで、靴の試し履きをしなくてもフィット感がわかる技術がすでに登場している。ユーザーにとってもオンライン・オフラインを含めた小売業者にとっても、さらに利便性の高い機能やサービスを生み出せる可能性が広がっている。

「小売業全体の未来を創造する企業」。それが、村井が描くAMSの将来像だ。

インタビュアーの目線

スタイリッシュで、いかにも「切れ者」という第一印象の村井社長。ところが、「挨拶がわりに冗談を言うも、社員たちに別の話で返されるがめげません」というお茶目な一面もあるのだとか。それも、社員が身構えることなく社長に接し、遠慮なく意見を言えるような空気をつくるための心遣いに思います。インタビュアーに対しても丁寧に、かつ率直に想いを語ってくださる姿にも、「ダイアログ」を大切にする心を感じました。

株式会社セールスアカデミー

代表取締役

宮脇 伸二

Shinji Miyawaki

1999年、九州大学理学部物理学科を卒業。三和銀行（現：三菱東京UFJ銀行）にて法人融資に従事。この頃から営業を一生の仕事にすることを意識し始める。「目標は必ずやり遂げる」というプロ意識も養われた。2001年より、株式会社ビジネスブレイン太田昭和グループ（会計コンサルティング会社）にて法人向けコンサルティング営業に従事。取引先はすべて上場企業クラス。年間受注目標3億円を達成し（実績3億3千万円）社長賞を受賞。提案型営業およびコンサルティングノウハウを学ぶ。2007年、株式会社セールスアカデミー設立、代表取締役に就任。日本初、九州初といったユニークなサービスを次々と世に送り出し、新聞・テレビなどのメディアには20回以上紹介される。

CONTACT

福岡／福岡市中央区天神4-1-18　第1サンビル3F
東京／東京都新宿区西新宿7丁目7-33 新銘ビル新館6階
http://www.sales-ac.jp/

「熱・考・動」の3要素を習得し、営業人材育成のプロフェッショナルになる

営業研修の専門会社として、他に例のない講座やサービスを提供

「営業職ほどクリエイティブな仕事はない」

株式会社セールスアカデミー代表取締役・宮脇伸二はそう断言する。

営業職に対して、「キツい」というイメージを抱いている人は多い。なぜキツいと感じるのか…その大きな理由は「結果が出ず、つらい。肩身が狭い」という声がよく聞かれるからだろう。実際、売れている営業パーソンたちの多くは「営業は楽しい」と語る。

宮脇は、「本来あるべき営業方法を知り、それを実践すれば結果は出る。クリエイティビティを発揮し、楽しく活き活きと働けるようになる」と言う。

株式会社セールスアカデミーは、営業のスキルアップ研修を専門に手がける会社だ。社員教育・研修サービスを提供する企業は数多くあるが、「営業」に特化しているという点で、希少な存在である。特に、新入社員や若手向けの研修を得意とする。

対象とする主な顧客は、「営業人材の教育にこれまで投資してこなかった会社」。教育に手をかけられない中小・ベンチャー企業をはじめ、営業研修に力を入れてこなかった大手

企業もこれにあたる。また、営業研修はこれまでも行ってきたものの、従来のやり方が時代にそぐわなくなってきたことから、同社を頼る企業もある。

世の中の「営業研修」にはさまざまなタイプがある。「マインドを教える」「仕組みを教える」「技術を教える」など、研修会社によって独自色があるが、セールスアカデミーの場合、いずれにも偏っていないのが特徴だ。

「『熱・考・動（ねつこうどう）』の3つの要素を軸としています。モチベーションを高めて熱い気持ちになれること、深く考えられること、積極的に行動を起こせること。その掛け算によって、営業職は必ず成果を挙げられるようになります」

セールスアカデミーには、営業にまつわるさまざまなテーマで約100講座が揃う。顧客の課題や目的を聴いた上で、最適な講座を選び出して提供する。

さらに、固定のプログラムを提供するだけでなく、各社に合わせてカリキュラムを作成する。中でも好評なのが、動画で営業マニュアルを作るサービス。その会社のトップセールスパーソンの商談のロールプレイング風景を録画し、その営業スタイルのポイントを、営業理論にもとづいて解説するというものだ。営業初心者の場合、トップセールスの商談を横で見て学ぼうとしても、何となくすごさはわかるものの、どこがどう優れているのかが理解できない。そこで、同社が理論的解説を加えてマニュアル化することで、新人や若手も再現でき、全体のスキルアップにつながるというわけだ。

さまざまな会社の新卒社員・年間400人ほどに接しているため、「今どきの新人」の傾向の変化をつかめるのも同社の強み。それに合わせた研修プログラムを企画できるのも、クライアントから評価されているポイントだ。

さらには、プロレス団体と手を組んだ「プロレス体験型営業研修」など、遊び心を加えたユニークなプログラムも用意している。

カリキュラムやサービスの内容だけにかぎらず「低コストで導入できる」という点も、顧客に支持される理由の一つ。『熱・考・動クラブ』に入会すると、月額わずか1万円で、毎日開催している営業研修が回数無制限で受講できる。しかも、厚生労働省が定める「キャリア形成促進助成金」の対象講座に指定されているため、条件を満たせば企業側の研修費用負担はゼロになる。「安いから」と、お試し的に同社の研修を利用し、その価値に納得して高度な個別研修を申し込む企業も多い。

「参加した方々からは『楽しかった』『おもしろかった』という感想をいただくことが多いんです。当社の研修は、座学だけでなく、ロールプレイングやディスカッション、プレゼンテーションなどの実践型。参加メンバーと対話したり、その中で新たな発見をしたりするのが、いい刺激になっているのだと思います」

銀行の融資営業を経て、コンサルティング会社の営業へ

宮脇は大学で物理学を専攻。しかし、卒業後に選んだ就職先は、研究機関やメーカーではなく「銀行」だった。その銀行では、大学の体育会のキャプテン経験者を対象にリクルーティング活動を行っていた。競技スキー部でキャプテンを務めていた宮脇も、ＯＢから声がかかったのだ。ランチを共にした際、「いずれ経営者になりたい」と話すと、「銀行なら社長に会う機会が多い。自分の起業の役に立つぞ」と言われ、就職を決めた。

こうして、銀行の法人向け融資営業としてキャリアをスタート。１年目にして、投資商品販売で支店営業20名中２位の成績を挙げる。

宮脇は、顧客訪問時には本社のコンサルタントを連れて行き、顧客にアドバイスをしてもらうことも度々あった。「自分がコンサルタントから学びたいから」という思惑があっ

たが、顧客に喜ばれた。それ以外にも、おもしろい情報を見つけたら届けるなどして顧客と関係を深め、大型受注につながった。後になって、その行動が「ギブ&ギブの後にテイクがある(まず相手の役に立つ)」という営業理論に当てはまっていたと気付いた。自身の経験に裏付けられたこの理論は、現在の研修でも伝えているという。

銀行に勤務して2年が過ぎた頃、宮脇は転職を決意する。経営者と会いたいという想いから選んだ仕事だったが、実際の業務の多くは事務作業。起業するという目標に向けて「前進していない」と感じたのだ。

転職活動中、適性診断を受ける機会があり、「コンサルタントが向いている」という結果が出た。このとき初めてコンサルティング業に興味を持ち、コンサルティング会社に入社した。出社した初日から「仕事がおもしろい」と感じられたという。

上場企業を対象とするコンサルティング営業に従事した宮脇は、「本当の営業というものを経験できた」と、この時期を振り返る。扱う商材は、会計システムや会計コンサルティングといった「無形」のもの。成約するためには、ヒアリングによって顧客のニーズをつかむ、ニーズに合った提案書を作成する、価値がちゃんと伝わるプレゼンテーションをする、価格交渉をする、満足してもらうまでアフターフォローをする…と、各ステップで高度なスキルが必要とされる。それらを身に付けたことが、今のベースとなっている。

コンサルティング会社では、通常1件2000万円程度のシステムを、1案件で1億円以上の大型受注にふくらませるという実績も挙げた。「ある程度の経験を積んだ」と手応えを得た31歳のとき、宮脇は念願の独立起業を果たす。

笑顔で働く営業パーソンが増えれば、社会も変わっていく

東京から、大学時代に過ごした福岡に戻り、最初は1人で財務と営業のコンサルタントとしてスタート。初年度から十分な売上が挙がり、会社として拡大していきたいと考えた。しかし、ここから「迷走」が始まったという。

ベンチャー企業を集めた求人サイト運営、ホームページ制作、営業支援システムの開発、学生向けの企業の財務分析レポートサービス、研修サービスなど、ニーズがありそうだと踏んだ事業を次々と立ち上げた。「九州初」「日本初」などとして話題になり、メディアにも取り上げられたが、肝心の業績は伸び悩んだ。倒産の危機を感じた宮脇は、改めて「経営」を学ぼうと考え、地元の中小企業家同友会の勉強会に参加した。

「これまでうまくいかなかったのは、なぜ会社をやるかという『目的』『理念』がなかったからだと気付きました。そこで半年かけて、本気で経営理念を考え、経営計画書作りに取り組んだんです。ここで生まれたのが『熱・考・動（ねつこうどう）』の理念。そして『営業人材を育成する』という方向性を明確にしました」

自分自身、納得できるような営業成果が出ず、思い悩んだ時期もあった。顧客企業の営業マンたちの手法を見て「これでは絶対に売れない。少し勉強するだけでも成果が挙がって、上司からもほめられて楽しく仕事ができるのに」と、もどかしく感じたこともあった。「苦悩している営業パーソンを元気にしたい」。そんな想いを、営業研修サービスというビジネスプランに落とし込んだ。

それから10年、経営はほぼ計画通りに推移。東京の企業からの相談も増え、東京オフィスも開設した。増え続ける依頼に応えるため、福岡・東京両方で人材採用を強化している。セールスアカデミーに入社した社員は、まずは営業を経験する。もちろん自社の営業研修は受け放題。営業の幅広い理論と実践スキルを身に付けられる。経営者をはじめ、部長クラスの人と対話することが多く、ビジネス上でも人としても、学べることが多そうだ。

同社は事業と組織の拡大に向けて動き出したばかり。新たな仕組みやルール作りを経験し、早い段階でリーダーに昇格したり、新規事業を立ち上げたりするチャンスもある。

「今、描いているビジョンは大きく2つあります。1つは、笑顔で働く営業パーソンを増やし、活き活きと働く営業人材があふれる世の中を創っていくということ。もう1つは2020年に東証マザーズに上場すること。さらに先に目線を向けるなら、今は第10期ですが、第24期には売上1000億円の会社に成長させることを目指しています。そんな将来を一緒に見すえて、同じ船に乗り込んでくれる仲間と出会いたいですね」

インタビュアーの目線

お客様の課題に合わせて研修プログラムをカスタマイズできるのは、銀行とコンサルティング会社で身に付けたヒアリング力と分析力があればこそ。それは、もはや「研修講師」を超えた「コンサルタント」の域ではないでしょうか。落ち着き払った取材から一転、私たちに披露してくれたワンポイントレッスンでは一気に身振り手振りが増え、評判通りの熱血講師ぶりが伝わってきました。

株式会社いつも.

代表取締役社長

坂本 守

Mamoru Sakamoto

東証1部上場コンサルティング会社で、上場企業やベンチャー企業の事業戦略構築支援を行い、多数の経営者をサポート。2007年、株式会社いつも. を創業。大手小売業や通販会社のEC戦略構築や事業再生支援を行っている。

CONTACT

東京都港区六本木7丁目15-7 新六本木ビル6F
http://itsumo365.co.jp/

Eコマースで日本経済を支える
コンサル&Webマーケティングスキルを身に付ける

ＥＣ事業をサポートした実績は国内シェアトップの８０００社超

楽天市場、アマゾン、Ｙａｈｏｏ！ショッピングなどのネットショッピングモールは、今や人々の消費生活に欠かせなくなりつつある。また、あらゆるショップやメーカーが自社でネット通販を手がけている。

ネット上で商品の売買を行う「Ｅコマース（ＥＣ）」の市場は右肩上がりで成長を続け、日本国内の消費者向けＥＣ市場に関しては２０１５年時点で13兆８０００億円に達した。野村総研のレポートによると、２０２１年には25兆６０００億円まで拡大すると予測されている。

ＥＣ事業の検討、運営を行う企業の課題は多様だ。「もっと売上を伸ばしてブランド認知を広げたい」「事業スピードを3倍に上げたい」「会社の未来のために、ＥＣで新規事業に挑戦したい」など。海外企業が「日本進出のサポートをしてほしい」というケースもある。こうした課題を解決に導ける会社と人材へのニーズは、今後も絶えることがない。

株式会社いつも．はＥＣ専門の総合コンサルティング分野のリーディングカンパニーだ。

「商品やサービスを販売する小売のすべての業種、大手から中小まであらゆる企業から頼られる存在であり続けたい」と代表取締役社長の坂本守は語る。

ＥＣ向けコンサルティングを手がける企業の大半は10名以下の規模だが、いつも．は１２０名以上のスタッフを擁し、創業11年目のベンチャー企業ながら業界屈指の実績を誇る。

「地方の小さなケーキ屋さんが日本中で大人気になった」「二代目の経営者が新規事業としてＥＣを立ち上げ、会社の未来が変わった」「メーカーが直販事業に挑戦し、ビジネスモデルを転換して成功した」「地方の名産品を、行政と協力して全国の人に届けられるようになった」「某大手企業のＥＣ事業が、当初予定の2倍のスピードで目標クリアした」――そうした成功事例の裏側に、いつも．の存在がある。

ＥＣ支援ビジネスを行う多くの会社は、コンサル支援のみ、サイト制作のみ、プロモーション支援のみ、物流のみ、といったように、専門特化している。そのため、支援を求める企業は何社にも分けて依頼しなければならず、時間がかかり、トータルでコスト増になることがあるという。それに対し、いつも．はＥＣに必要なすべてのノウハウを有し、ワンストップでサービスを提供する。クライアントは窓口を1つに集約でき、豊富な事例と専門ノウハウを参考にして、事業戦略を構築することができるというわけだ。

「ECの専門人材は、日本ではまだまだ数が少ない。多くの企業様に私たちのサービスを提供するため、教育・研究費を惜しまず投資し、自社内でのECスペシャリストの育成に力を入れています。ECスペシャリストは、今の日本社会でもっとも求められている職種の一つといえると思います」

お客様のそばに寄り添い、「経営のあり方を変える」サポートを

いつも．が、ECを成功させるために提供するサービスは、コンサル、集客、構築・制作、販売、CRM、物流、カスタマーサポートなど幅広い。実店舗を運営する企業に対しては、リアルとネットを連動させた「オムニチャネル」のマーケティング施策を提案する。楽天市場、アマゾン、Yahoo!ショッピング、ポンパレモールなどに出店する企業には、導入から売上アップまでを総合的にサポートする。米国・中国・台湾・ヨーロッパなどの消費者に向けて販売したい企業には、「越境EC」のノウハウを提供する。

これまでの取引実績は8000社超と、EC支援会社として国内トップシェア。全国の経営者、幹部、店長を対象に開催しているECセミナー・講演会には、延べ7000人以上の参加者を動員している。

いつも.がこだわるのは、お客様に寄り添える距離の近さで、未来を見すえて課題を乗り越えていくパートナーとなることだと、坂本は言う。だからこそ、「コンサルティング」とはいえ、「現場での実践力」を最も重視している。

顧客にノウハウを提供しても、社内に実行できる人材がいない企業も多数。そこで、アウトソーシングサービスとして、販売戦略も考えた現場業務の実務代行も担っている。

例えば、地方の名産品には人口減少とともに消えかけているものも少なくない。いつも.では、先代から家業を受け継いだ20代～30代の若い経営者をサポートし、これまで地元販売のみだったものを全国販売へ、さらには海外へ販売を広げているケースもある。

「私たちの商品は、『お客様の商品・サービスのブランド力を上げて、夢や目標を実現してもらうこと』を目的としたもの。良い商品を持っているのに、売り方がわからない、あるいは間違っている企業がたくさんある。だから、私たちがそばに寄り添い、お客様が大切にしているブランドや商品を一緒に世の中に広めていきたい。そして『経営のあり方を変える』ところまで伴走したい。それに、ネットショップのユーザーさんだって、いい商品に出会えればうれしいですよね。メーカーもお店も消費者も、日本中をハッピーにする仕事だと思います」

日本で一番、「ＥＣ人材」の育成力を持つ会社へ

坂本は起業前、総合商社の営業、化学系メーカーの事業企画を経て、大手経営コンサルティング会社のコンサルタントに転身。そこで7年半、50以上の業種の企業を対象にコンサルティングを行い、「経営」の知見を身に付けた。

「コンサル会社時代に養われたと思うのは、『未来戦略』を創る力。コンサルタント時代と起業後を合わせると20年になりますが、10年スパンでさまざまな業界の変遷を見てこられたのはいい経験だったと思いますね。3年後、5年後、ＥＣ業界がどう変わっていくかを鮮明にイメージできています」

起業に踏み切ったのは35歳のとき。20歳頃から「35歳で起業」のプランを描いており、それを実行に移した。当時の同僚であり、現在の副社長との2人でのスタートだった。「いつも．」という社名には、「いつもお客様のオンリーワンになる」「いつもチャレンジする心を忘れない」「いつも笑顔を忘れない」という想いを込めた。末尾にある「．」は、「お客様にとって最後の砦として、当社がすべてを解決する」という決意のしるしだ。

創業から力を入れ、今後も強化していくのが、「ＥＣをトータルに手がけられる人材」の育成だ。同社に入社したメンバーは、ＥＣ運用ディレクター、プロモーションプランナー、営業、Ｗｅｂ制作ディレクター・デザイナー、コンサルタント、フルフィルなどとして経験を積む。

ＥＣ業界は移り変わりのスピードが速い。最新の情報をキャッチアップしながら、知識の幅を広げていくため、さまざまな勉強会が開催されている。「スキルを付ける」を狙いとする『スキック』では、社内各部門のメンバーが講師となり、その分野のスペシャリストとして他部門のメンバーに情報やノウハウを教える。月2回、朝に開催されるのが『アサベン』。これは坂本自らが「部下の指導」「気付き方」「失敗の仕方」などビジネス力や経営の視点を伝える勉強会だ。勉強会を機に他部門に興味を持ったなら、「行きたい！」と手を挙げて異動するチャンスもある。

ＥＣに関する幅広い知識とスキルを身に付けることを推進しているが、特定の分野を深めたい人がいてもいいいと、坂本は言う。スペシャリストとして特定スキルを極めたい人がいてもいいし、マネジメント力を高めたい人がいてもいい。自分が描くキャリアビジョンに応じて成長できるような「多様化」を促進している。人事・教育・経理など、管理部門スタッフへのキャリアチェンジの道もある。

一方、２０１７年から「パパママ応援制度」を設けるなど、育児しながらでも働きやすい環境も整備。サービス体制だけでなく、働き方もまた「多様化」に向かっている。

坂本が人材育成や組織強化に力を入れるのは、この先も変わり続ける流通・販売の仕組みにいち早く対応し、新たなＥＣのあり方をリードしていくためだ。

２０１１年頃以降、ＥＣの市場規模がコンビニを抜くまでに拡大した背景にはスマートフォンの普及があった。これから5年、『売り方』はさらに変化していくことが予想される。

特に国境を越えるＥＣはさらに活発化するだろう。今では、商社や卸、小売店などを介する必要がなくなり、日本のメーカーが直接海外の消費者へ商品を販売できるチャンスが格段に増えている。また、その逆で、海外のメーカーが直接日本の消費者につながることもできる。いつも．は国内・海外企業に対しては相方向で互いのマーケットへの進出を助け、中国、アメリカ、ヨーロッパ、台湾、タイなどの消費者に魅力的な商品を入手する機会の提供を始めている。

日本のよいものを世界に広げる役割を担えるのも、この仕事の醍醐味だ。

「変化を遂げていくＥＣの土台づくりを私たちが担う。小売業の未来を変えていく会社であり続けたいと考えています」

インタビュアーの目線

キレのいい話しぶりから、物事を瞬時に判断し、効率よくスピーディにこなしていく人物…という印象の坂本社長。ところが別の一面では、現場スタッフ一人ひとりの日報を読んで返信もしたり、すれ違う社員に声をかけたりと、社員に丁寧に向き合うという姿勢もお持ちでした。転職してきた社員たちからは「『社長』という存在に対するイメージが変わった。こんなに近いなんて」という声も聞こえてくるのだそうです。

株式会社プリマベーラ

代表取締役

吉川 充秀

Mitsuhide Yoshikawa

1973年、群馬県生まれ。1992年、横浜国立大学入学後、3年間電化製品ゼロの生活を送る。1996年、スーパーマーケットフレッセイに入社し、魚部門を担当。1997年、古本ショップBBチェーン本社にアルバイトとして入社し、古本ビジネスのノウハウを学ぶ。1998年、群馬県太田市にて「利根書店尾島店」オープンを皮切りに、続々と店舗を拡大。2005年には埼玉県熊谷市に古着ショップ「古着MARKET」をオープンし、出店ラッシュを迎える。2012年、経営サポートのためのセミナー事業を開始。2015年には埼玉県熊谷市に接骨院をオープン。2017年2月現在、37店舗、4事業、17業態を展開中。

CONTACT

群馬県太田市西本町57-4　DonDonDown On Wednesday 太田店２F
http://team-prima.jp/

「仕組み化」し、習慣化することで
人も事業も成長できる

リサイクル事業を軸に、4事業部・17業態を多角展開

「仕組み化に関して日本一の中小企業を目指す」

そう語るのは、株式会社プリマベーラ代表取締役・吉川充秀だ。群馬県太田市で古本屋からスタートし、現在は4事業部・17業態を展開。直近7年間、増収増益を続けている。成功の秘訣は「仕組み」にあるようだ。「笑顔だって、仕組みで創れる」と吉川は言う。優れた仕組みを創って習慣化する。仕組みに縛られるだけではおもしろくないから、ワクワクしながら楽しんで働く――その2つが人を成長させると、吉川は考えている。

プリマベーラは、古着、貴金属、農機具、古本、DVDなど幅広い商品を扱うリサイクル事業を運営。群馬・埼玉・栃木・長野エリアで計37店舗を展開している。店舗のブランドは多様だ。衣類、家電、家具、生活用品などを扱う総合リサイクルショップ『買取劇場』、貴金属やブランドを扱う『ゴールディーズ』、ブランド衣類中心の買取店『ベクトル』。毎週水曜に値段が下がっていく古着ショップ『DonDonDown On Wednesday』、2着買うと3着目がタダになる古着ショップ『ニコカウサンコメタダ』な

ど、ユニークな仕組みの店舗もある。

「リサイクルショップには、転売できるものしか買い取らない店も多いんですよね。でも、僕らは一切買取を断りません。なぜなら、どんなものでも売れる仕組みを築いているから。地元のお店では買い手がつかないようなニッチな高額商品は、全国に発信して買い手を見つける。安くても売れない服は海外に輸出して利益を確保しています。『誰かの不要は誰かの必要』、その両者をつなげるのがリサイクルショップの存在意義だと思いますから」

同社の店舗は直営だけでなく、他社ブランドのフランチャイズ（FC）店も運営している。『DonDonDown On Wednesday』では、全国に60あるFC店の中で売上1位、『ベクトル』でも95店中1位を何度も獲得している。

そんな同社には全国からリサイクルショップ経営者や店長が続々と視察に訪れる。駅に見学者30人が集合し、バスでプリマベーラの店舗を見て回るのだ。運営手法や利益を挙げる仕組みを気前よく教えていたが、途中からプログラムを整え、セミナー事業化した。

現在は、『EVERNOTE（エバーノート＝Web上での情報蓄積サービスとそのアプリケーション）』を活用した経営術のセミナーのほか、『人生がときめくニコニコワクワク

３ＫＭセミナー』などの自己啓発セミナーを提供している。

多角化はこれだけには収まらない。「僕自身が健康オタクだから」という理由から始めた「カラダサポート整骨院」の展開、節電コンサルティングなど、リサイクルの枠を越えて事業の幅を広げ、現在4事業部・17業態が動いている。次は「地域新聞を創刊しよう」というアイデアも出ているという。

「地球環境を守る！」のポリシーを、地道に黙々と実践

吉川は群馬県太田市で、喫茶店と塾を営む両親のもとに生まれた。高校時代に意識が芽生え、現在もポリシーとして掲げるのが「地球環境を守る」ということ。当時、温暖化や砂漠化が叫ばれ始め、義憤を感じたのだという。「将来は医者になる」という弟に対し、「僕は地球の医者になる！」と宣言した。

やると決めたら常識の枠を越えてのめり込むという吉川。横浜の大学に進学して一人暮らしを始めると、生活から電化製品をすべて排除し「仙人生活」を送った。

「部屋にあった電化製品はラジオだけ。月の電気代は固定料金の１６５３円。夏も冬もです。

まぁ、ド変人ですよね(笑)」

「地球環境オタク」を自称していた吉川は、大学卒業後、「有機農産物を世界に広める!」というミッションを自分に与え、地元の大手スーパーマーケットに就職する。ところが、配属されたのは魚部門。それはそれでおもしろかったが1年半で退職した。

その頃、父が「古本屋をやりたい」と言い出した。「これこそエコ活動だ」と賛同し、起業を決意。別の古本屋にアルバイトで入って半年間ノウハウを学びとり、『利根書店』をオープンした。

利益を押し上げたのは、男性向け商品だった。アルバイト先の古本屋で働いた際、売れ筋は何かを観察した結果、男性向けのコミックや雑誌、ビデオに特化したのだ。地元では他になかった業態だけにニーズが爆発し、あっという間に繁盛店に。町で2番目の高額納税者として地元の新聞に載るまでになり、成功の階段を駆け上がった。

途中、信頼していた店長2人が辞めて独立し、落胆した時期もあったが、事業そのものは順調に推移。約7年間で9店舗体制にまで拡大する。

お金があるから遊びも楽しかった。週5日合コンに出かけ、「やんちゃ」が過ぎたせいで妻と離婚。その後に再婚し、子どもが生まれて「真人間になった」という。

転機が訪れたのは2005年、「今後、古本マーケットは縮小する」と気付く。ネット販売が普及し、電子書籍も台頭してくるからだ。「実店舗で、実物を確認して買いたいものは何か」と考えた吉川は「古着」に狙いを定めた。古着のリサイクル事業に乗り出し、関連するファッション雑貨、貴金属、さらには家電・家具、農機具にまで取り扱い商品を広げていった。

「それまで経営の勉強なんて一切したことがなかった。それでも儲かるから、必要性を感じていなかったんです。けれど、古本のマーケット予測に関するセミナーの案内を受けて出席してみると、話にまったくついていけない。これはマズイと思い、勉強を始めました」

もともと、やり出すとハマる性質の吉川。今度は「自己啓発オタク」と化し、週5日ペースでさまざまなセミナーや研究会に参加しまくった。自分への教育にかけた費用は10年間で億にも達するという。ランチェスターの法則をはじめ、さまざまな経営理論や実践例を学ぶほか、すごい経営者を見つけると、その人になり切るくらいに真似をしてみた。

尊敬する哲学者・森信三氏の「足元の紙クズ一つ拾えぬ程度の人間に何が出来よう」という言葉に触発され、単独で街のゴミ拾い活動も開始。やり始めると「自己肯定感」が高まって心地よさを感じ、2年経った今も毎日ゴミを拾い続けている。

こうしてつかんだ「会社経営の原理原則」を、事業運営、組織創り、セミナー事業に活かしているのだ。

事業運営も、人の成長も「仕組み」によって促進できる

吉川が元来得意としており、学習を経てさらに強化されたのが、「仕組み化する力」だ。例えば、どんな会社でも言われる「笑顔で接客しよう」。これは個人の意識や姿勢にゆだねられるものだが、吉川は仕組み化した。従業員がトイレに入る度に、用を足しながら「ウンパニ体操」をすることを習慣化。これは表情筋のストレッチ方法で、1日に5回も繰り返せば、たとえ「作り笑顔」であっても自然な表情ができるというわけだ。

また、「地域に愛されるお店になろう」も、巧妙な仕組みによって実現させている。毎月、「食事や飲み会に使ってよい」とする2000円を、アルバイトを含めた全従業員に支給。それを使って飲み会を実施した場合、帰り際に食器をきれいに積み重ねてテーブルの端に並べ、その写真を撮影して会社に提出することを義務付けている。「きれいに片付けて帰る」という行為に対して、店員や周囲の客が感心し、お店の評判アップにつながる

のだ。

もちろん、飲食費の支給は、地域のファン獲得のためのパフォーマンスだけが目的ではない。それ以上に、メンバー同士のコミュニケーション促進を期待している。

「日常のちょっとしたことも、事業や組織の運営も、仕組みを作ることで目標に近づけています。でも、仕組みばかりじゃ楽しくない。だから、いかに楽しんでやるかも、常に考えています。実際、うちの職場や会議には笑いが溢れていますよ。通信回線に例えるなら、当社の経営は『3G』ではなく『LTE』。『3G＝我慢・犠牲・義務』ではなく、『LTE＝Love・Thanks・Enjoy』です。好きな仕事を、好きな人たちと、感謝が飛び交う場所で、楽しんでやれたら、こんなにすばらしいことはないですよね。僕が実現したいのは、そんなLTE経営であり、LTE経営の会社こそ、これから伸びていくと確信しています」

プリマベーラは、今後さらに多角化を進めていく。店舗スタッフ、店長をはじめ、複数店舗を統括するスーパーバイザー、人事・経理・経営企画といった管理部門まで、人材の増強を図っていく。社員にとっては、吉川の「仕組み化」の技術を受け継ぎ、新規事業を創っていくチャレンジも可能な環境だ。

「スローガンは、『イキイキワクワク楽しく成長』。ワクワクの定義は『明日に恋する』です。明日に恋することができるよう、僕はこれからもいろいろな場所で事業の種を探し、会社の未来を創造していく。ワクワクできる明日を、メンバーに提供します」

成長性のある新規事業を展開し、会社がさらに成長して資本が蓄積されたら、本当に地球環境をよくする事業をやりたい――それが吉川の最終目標であり、モチベーションの源だ。価値観を共有できる仲間とともに、日々ワクワク感を抱きながら、「地球に貢献できるリサイクルカンパニー」を目指していく。

インタビュアーの目線

駅前でひと際目に留まる、笑顔でゴミを拾いまくっている人…それが吉川さんでした。ゴミ拾い専用の大きなトングはいつも鞄に忍ばせているのだとか。本人は自らを「変人」と笑いますが、高校時代に目覚めた地球の環境保護に、移動時間を使って取り組む「仕組み化」への着想力と、他人の目を気にせずに信念を貫く軸があればこそ、現在の事業多角化と連続成長が成立するのですね。

おわりに

会社経営を16年続けてきた私ですが、実は昨年、事業内容を一新して「第二創業」したばかりです。人と企業のストーリーで世界中をつなぐプラットフォーム『ＬＩＳＴＥＮ（リスン）』を立ち上げると同時に、第二創業で一期目となる新卒を採用。内定者の彼がインターンとして一緒に仕事をする中で、昨今の就職活動の「リアル」が見えてきました。

それは、インターネットの普及で情報量は増えているのに、手に入る内容は偏っているということ。ネームバリューに勝る大手企業の情報に目を奪われやすいという点は私が就活をしていた頃のままで、魅力がありながらも社名を知られていない企業は、どうしても埋もれてしまいます。

就活生側も、やはりネット検索から活動を始めてしまうことから、自分の知っている業界や企業以外は、いつまでも知ることのないままとなっています。実は自分にフィットする企業や仕事がそこにこそ存在するかもしれないのに、もったいないことです。

先日、ある大学のキャリアセンター部長と話をする機会があったのですが、実は中小・ベンチャー企業について問い合わせをしてくる学生は少なくないのだそうです。しかし、学校側にも大企業以外の情報は不足しているとのことでした。

そうした「情報不足」「情報の偏り」の改善に、本書が一役買うことができればうれしく思います。待遇や福利厚生といったデータではなく、企業や社長の「想い」「ビジョン」で就職先を選ぶ。そんな就活生が増え、本書の26社のストーリーから出会いや発見があれば、これに勝る幸せはありません。皆さんが、新たな気付きを得て、心から納得できる就職活動になることを、心より願っています。

本書の出版に際しては、多くの方々からご協力をいただきました。想いを語ってくださった経営者の皆さん、人事・広報担当者の皆さん、制作に協力してくださった編集者さん、ライターさん、カメラマンさん、ヘアメイクさん、企画全般をサポートしてくれた弊社メンバー。皆様に改めて御礼を申し上げます。

2017年4月

リスナーズ株式会社
代表取締役　垣畑 光哉

［インタビュアー］

垣畑光哉（かきはたみつや）
リスナーズ株式会社 代表取締役

立教大学法学部卒業後、外資系金融機関に勤務し、多様なマーケティングを経験。1999年の個人創業を経て、2001年に現・リスナーズ株式会社を創業、代表取締役に就任。以後、広告の企画制作や企業ブランディングに関わる。近年は成長企業トップへの取材による「コーポレートストーリー」のプロデュースに注力し、書籍化された取材は国内外300件を超える。著書に『10年後に後悔しない働き方 ベンチャー企業という選択』『メンター的起業家に訊く 20代に何をする?』（以上幻冬舎）、『これから働くならこれからの会社でしょ』『自分らしくはたらく』（以上ダイヤモンド社）など。

一生モノのキャリアを身に付けよう
AIやロボットに負けない「あなたの価値」を築く働き方

2017年4月12日　第1刷発行

著　者――――――垣畑光哉
発行所――――――ダイヤモンド社
〒150-8409　東京都渋谷区神宮前6-12-17
http://www.diamond.co.jp/
電話/03-5778-7235（編集）　03-5778-7240（販売）
装丁＆本文デザイン――加藤杏子（ダイヤモンド・グラフィック社）
製作進行――――――ダイヤモンド・グラフィック社
印刷――――――――信毎書籍印刷（本文）・共栄メディア（カバー）
製本――――――――宮本製本所
編集担当――――――寺田文一

ISBN 978-4-478-10232-9